who? 한국사

글 최재훈

학습 만화와 청소년 교양서, 온라인 에듀테인먼트 게임 등을 넘나들며 어린이와 청소년이 즐기며 공부할 수 있는 교육용 콘텐츠를 만들기 위해 노력하고 있습니다. 대표작으로는 《꿈의 멘토》 시리즈, 《미션돌파 과학 배틀》, 《who? 스페셜-류현진》, 《who? 아티스트-리오넬 메시》, 《who? 한국사-세종 대왕》 등이 있습니다.

그림 이대종

2007년부터 교양 만화를 그리기 시작했습니다. 조금 더 재미있고 유익한 만화를 만들기 위해 늘 고민하고 있답니다. 대표작으로는 《수학 삼국지》, 《카툰 영어》, 《카툰 국사》, 《만화 데카르트 방법서설》, 《SOS 과학구조대 황사의 습격에서 지구를 구하라》, 《who? 한국사-김옥균》 등이 있습니다.

정보글 최인수

구리 인창 중학교에서 역사를 가르쳤으며, 현재는 어린이 도서 전문 기획자로 활동하고 있습니다. 저서로는 《드라마보다 재미있는 우리 왕조 이야기》, 《생방송 한국사-근대 편, 용어 편》 등이 있습니다.

추천 최태성

2001년부터 지금까지 EBS 한국사 대표강사로 한국사 명강의를 선사하고 있습니다.

김옥균

개정 1판 1쇄 발행 2022년 12월 1일
개정 1판 2쇄 발행 2023년 11월 17일

글 최재훈 그림 이대종 정보글 최인수 표지화 신춘성
펴낸이 김선식

경영총괄이사 김은영
어린이사업부총괄이사 이유남
책임편집 송여진 디자인 남정임 책임마케터 최민용
어린이콘텐츠사업1팀장 최인수 어린이콘텐츠사업1팀 송여진 강푸른 마정훈
어린이디자인팀 남희정 남정임 김은지 이정아 차다운
마케팅본부장 권장규 마케팅5팀 최민용 안호성 박상준 송지은
미디어홍보본부장 정명찬 브랜드관리팀 안지혜 오수미 문윤정 이예주
저작권팀 한승빈 이슬 윤제희
재무관리팀 하미선 윤이경 김재경 이보람 임혜정
인사총무팀 강미숙 김혜진 지석배 황종원
제작관리팀 이소현 최완규 이지우 김소영 김진경 박예찬
물류관리팀 김형기 김선진 한유현 전태환 전태연 양문현 최창우
외부스태프 외주 편집 장효선 본문 수정 최준석

펴낸곳 다산북스 출판등록 2005년 12월 23일 제313-2005-00277호
주소 경기도 파주시 회동길 490 전화 02-704-1724 팩스 02-703-2219
다산어린이 카페 cafe.naver.com/dasankids 다산어린이 블로그 blog.naver.com/stdasan
종이 IPP 인쇄 민언프린텍 코팅 및 후가공 평창피앤지 제본 국일문화사

ISBN 979-11-306-9178-7 14990

• 책값은 표지 뒤쪽에 있습니다.
• 파본은 본사와 구입하신 서점에서 교환해 드립니다.
• 이 책은 저작권법에 의하여 보호를 받는 저작물이므로 무단 전재와 복제를 금합니다.
• 이 책에 실린 사진의 출처는 셔터스톡, 위키피디아, 연합뉴스 등입니다.

품명: 도서 | 제조자명: 다산북스 | 제조국명: 대한민국 | 전화번호: 02)704-1724
주소: 경기도 파주시 회동길 490 (2층) | 사용연령: 8세 이상
⚠ 주의·경고: 아이들이 책을 입에 대거나 모서리에 다치지 않게 주의하세요.

※KC마크는 이 제품이 공통안전기준에 적합하였음을 의미합니다.

who? 한국사

김옥균

다산
어린이

추천의 글

세상을 희망으로 이끌었던 '사람'을 만나자

"우리 아이에게 역사를 잘 알려 주고 싶은데, 어떤 책을 읽히면 좋을까요?"

전국 곳곳을 강연 다니는 동안, 유·초등 자녀를 둔 부모님들로부터 가장 많이 받은 질문입니다.

저는 그 질문에 대해 한결같이 이렇게 답했습니다.

"세상을 조금 더 희망으로 이끌었던 '사람'이 있는 책을 읽히시면 됩니다."

사실 어린이들은 역사에 별로 큰 관심이 없습니다. 왜냐고요?

어른들이 사는 '오늘'은 어제와 별로 달라 보이지 않는 하루하루지만, 어린이들이 사는 '오늘'은 날마다 신세계이기 때문입니다. 매일매일 새로운 걸 경험하고 사는 것이지요. '오늘'에 대한 호기심이 어른들과 달리 높으니, 지나간 시간인 역사에 관심 가질 여유와 필요가 별로 없는 거죠.

다만, 어린이들은 슈퍼우먼이나 슈퍼맨에게 더 큰 관심이 있습니다. '리스펙트', '영웅', '멘토' 등 닮고 싶은 사람에게 열광합니다. 그 '사람'들이 세상을 조금 더 희망으로 이끄는 사람이라면 정말 좋지 않을까요?

어린이들은 마치 리트머스 종이와 같습니다. 만약 어린이들이 그 사람들을 만난다면 열광하고 따를 뿐만 아니라, 자기들도 저마다 세상을 희망으로 이끌 수 있을 테니까요.

〈who?〉 한국사 시리즈는 바로 세상을 조금 더 희망으로 이끈 '사람'들의 이야기를 담고 있습니다. 제가 예전부터 눈여겨보던 책이었고, 제가 강연하며 만나는 부모님들께 추천했던 책인데, 이번에 추천사를 쓰게 되어 참 좋네요.

어린이들은 역사의 연대기적 흐름보다는 '사람'의 삶을 살펴보며 퍼즐 맞추듯 시대를 따라갈 때 역사에 더 많은 집중을 하게 됩니다. 심지어 〈who?〉 한국사에서 만나게 되는 사람들이 모두 시대를 희망으로 이끄는 슈퍼우먼이나 슈퍼맨이니 얼마나 좋습니까!

〈who?〉 한국사 시리즈를 통해 역사의 '슈퍼스타'들을 만나다 보면 어느 순간 그들이 활약했던 그 시대에 서서히 관심을 갖게 될 것이고, 자연스럽게 그 시대 구조를 배울 수 있을 것입니다. 그렇게 역사의 지평을 넓히게 되는 것이지요. 역사를 배울 때는 이런 단계적 접근법을 권해 드리고 싶어요.

역사는 사람들이 걸어 온 발자국을 모아 만든 길입니다. 그 길을 따라 걷다 보면 자연스럽게 내가 지금 걷고 있는 길과 만나게 되지요. 그리고 그 길 위에 나의 발자국 하나 또 남기게 됩니다.

〈who?〉 한국사 시리즈에서 만나는 '사람'들의 발자국이 만든 길. 그 길은 조금 더 나은 사회로 나아가는 길입니다. 그 길을 우리도 함께 걷죠.

최태성 모두의 별★별 한국사 연구소장

최태성 선생님은 성균관대학교 사학과를 졸업하고 대광고등학교 등에서 20년간 교직에 몸담았습니다. 2001년부터 지금까지 EBS 한국사 대표강사로서 '학생들에게 웃으며 듣다가 감동의 눈물을 흘리는' 한국사 명강의를 선사하고 있습니다. 현재는 무료 온라인 강의 사이트 '모두의 별★별 한국사'와, 유튜브 인강 전문 채널 최태성 1TV, 교양 전문 채널 최태성 2TV를 운영하고 있습니다.

또 KBS 1TV <역사저널 그날>, MBC <백년만의 귀향, 집으로> 등 각종 매체에 출연하였으며 KBS 라디오 FM 대행진 <별별 히스토리> 코너와 EBS <미래교육 플러스>를 진행하고 있습니다. 또한 다양한 강연을 통해서도 한국사 대중화에 앞장서고 있습니다. '역사의 대중화'라는 꿈을 실현하기 위한 큰★별쌤의 새로운 도전은 지금, 이 순간에도 계속되고 있습니다. 주요 저서로는 《역사의 쓸모》, 《역사 멘토 최태성의 한국사》, 《최태성 한국사 수업》, 〈구해줘 카카오프랜즈 한국사〉, 〈최태성의 한국사 수호대〉, 〈큰별쌤 최태성의 초등 별별한국사〉 등이 있습니다.

큰별쌤 최태성의 who? 한국사 강의를 만날 수 있습니다!

추천의 글

세계적인 리더로 성장하기 위한 밑거름

〈who?〉 시리즈는 어린이들은 물론 어른들에게도 재미와 감동을 주는 교양 만화입니다. 대한민국은 물론 전 세계에 영향력을 끼친 인물들로 구성되었으며, 인물들의 삶과 사상을 객관적으로 전해 줍니다. 이처럼 다양한 분야에서 활약한 인물들의 이야기를 통해 과학, 예술, 정치, 사상에 관한 정보는 물론이고, 시대별 문화와 역사까지 배우게 될 것입니다.

〈who?〉 시리즈의 가장 큰 장점은 인물들이 그들의 삶에서 겪은 기쁨과 슬픔, 좌절과 시련, 감동을 어린이들이 함께 느낄 수 있다는 것입니다. 어린이 독자들이 인물들을 통해 자신만의 멘토를 만나 세계적인 리더로 성장하기를 진심으로 응원합니다.

존 덩컨 미국 UCLA 동아시아학부 교수
한국학 분야의 세계적인 석학으로, 미국 UCLA 한국학연구소 소장 및 동 대학의 동아시아학부 교수를 겸직하고 있습니다. 하버드대학교 교환 교수와 고려대학교 해외 교육 프로그램 연구센터장을 역임했으며, 주요 저서로는 《조선 왕조의 기원》, 《조선 왕조의 시민 행정의 제도적 기초》 등이 있습니다.

세상을 더 나은 곳으로 만든 사람들의 이야기

어린이들은 자라면서 수많은 궁금증을 가지게 됩니다. 그중에서도 "저 사람은 누굴까?"라는 질문은 종종 아이들의 머릿속을 온통 지배해 버리기도 합니다. 〈who?〉 시리즈는 그런 궁금증을 해결해 주기 위해 다양한 분야의 인물들을 소개하고 있습니다.

〈who?〉 시리즈에 등장하는 인물들은 인종과 성별을 넘어 세상을 더 나은 곳으로 만든 사람들입니다. 어린이들은 이 책에서 디지털 아이콘으로 불리는 스티브 잡스는 물론 니콜라 테슬라와 같은 천재 발명가를 만날 수 있습니다.

책 속 주인공들의 어린 시절 이야기를 통해 기쁨과 슬픔, 도전과 성취감을 맛보고, 그들과 함께 성장하면서 인류에 도움이 되는 사람이 되겠다는 포부와 자신감을 갖게 될 것입니다.

에드워드 슐츠 하와이주립대학교 언어학부 교수
하와이주립대학교 언어학부 교수이자, 동 대학교 한국학센터 한국학 편집장을 역임한 세계적인 석학입니다. 평화봉사단 활동으로 한국에서 영어 교사로 근무했으며, 현재 한국과 미국, 일본을 오가며 활발하게 활동하고 있습니다. 저서로는 《중세 한국의 학자와 군사령관》, 《김부식과 삼국사기》 등이 있고, 한국 중세사와 정치에 대한 다수의 기고문을 출간하였습니다.

미래 설계의 힘을 얻는 길이 여기에

어린 시절 만난 한 권의 책이 인생에 미치는 영향이 얼마나 큰지는 꿈을 이룬 사람들을 통해서 알 수 있습니다. 빌 게이츠는 오늘날 자신을 만든 것은 동네의 작은 도서관이었다고 말하고, 오프라 윈프리는 어린 시절 유일한 친구는 책이었음을 고백하며 독서의 중요성에 대해 이야기합니다.

꿈을 이룬 사람들의 공통점은 또 있습니다. 그들에게는 어린 시절, 나만의 특별한 위인이 있었습니다. 버락 오바마, 빌 게이츠, 조앤 롤링, 스티브 잡스 등 세상을 바꾼 사람들의 감동적인 이야기를 담은 〈who?〉 시리즈는 어린이들이 희망찬 미래를 그리고 구체적인 목표를 설정할 수 있도록 도와줄 친구이면서 안내자입니다.

송인섭 한국영재교육학회 회장

자기 주도 학습 분야의 최고 권위자로, 숙명여자대학교 명예 교수이자 한국영재교육학회 회장입니다. 한국교육심리연구회 회장, 한국교육평가학회장, 한국영재연구원 원장을 역임했습니다. 자기 주도 학습과 영재 교육의 이론을 실제 교육 현장에 적용하기 위해 노력하고 있습니다.

평생을 이끌어 줄 최고의 멘토를 만나다

국제회의 통역사로 30년 동안 활동하면서 세계적인 리더들을 만났던 저는 대한민국의 초등학생들에게 특별한 조언을 해 주고 싶습니다. 그것은 큰 꿈을 가지라는 것입니다. 꿈은 힘들고 지칠 때 나를 이끌어 주는 힘이고 내 인생의 주인이 되어 일어설 수 있게 하는 원동력이 되어 줍니다. 저 역시 어린 시절 품었던 꿈 덕분에 괴롭고 힘들어도 포기하지 않고 다시 일어설 수 있었습니다.

어린 시절 저에게도 용기를 불어넣어 주고 힘이 되어 주었던 분들이 있었습니다. 지금의 자리로 저를 이끌어 준 멘토들처럼 〈who?〉 시리즈에서 여러분의 친구이자 형제, 선생님이 되어 줄 멘토를 만날 수 있기를 바랍니다.

최정화 우리나라 최초 국제회의 통역사

우리나라 최초의 국제회의 통역사로 한국외국어대학교 번역대학원 교수입니다. 세계 무대에서 자신의 꿈을 이룬 여성 신화의 주인공으로, 역시 세계에서 꿈을 펼치려고 하는 소년들에게 멘토의 역할을 충실히 하고 있습니다. 저서로는 《외국어, 내 아이도 잘할 수 있다》, 《외국어를 알면 세계가 좁다》, 《국제회의 통역사 되는 길》 등이 있습니다.

구성 및 활용법

인물 만화

우리나라 역사 인물들을 만화로 만나면 어렵고 딱딱한 역사도 쉽고 재미있게 즐길 수 있어요.

한국사 흐름 잡기

생생한 사진과 자세한 해설로 한국사 흐름을 알려 주어 다양한 교과 연계 학습이 가능합니다.

한국사 연표

선사 시대부터 현재까지 한국사 전체 연표로 역사의 전체 흐름을 이해할 수 있어요.

한국사 독해 워크북

하루에 하나씩 지문을 읽고 문제를 풀어 보세요. 하루하루가 쌓여 문해력이 향상됩니다.

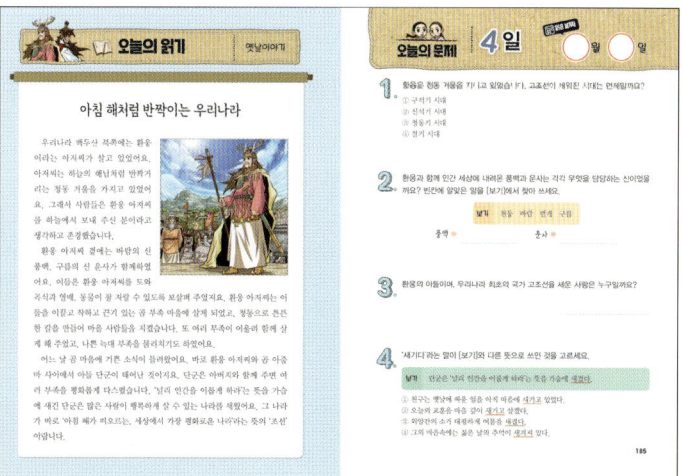

한국사 연표 여행

책 마지막 쪽에는 오려서 사용하는 인물 스티커가 있습니다. 연표 브로마이드인 '한국사 인물과 떠나는 연표 여행'에 붙여서 연표를 완성해 보세요.

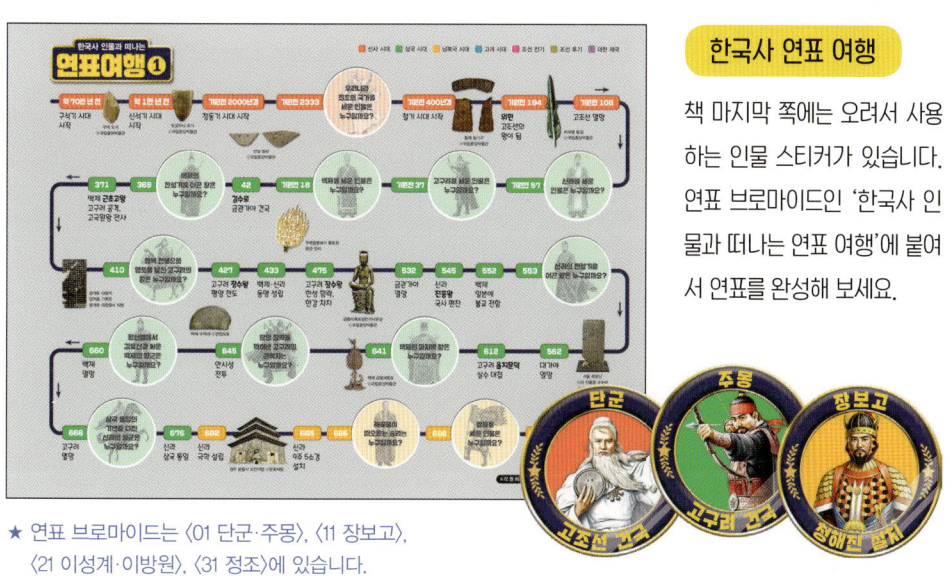

★ 연표 브로마이드는 〈01 단군·주몽〉, 〈11 장보고〉, 〈21 이성계·이방원〉, 〈31 정조〉에 있습니다.

한국사 인물 카드

한 손에 쏙 들어오는 인물 카드에는 인물의 주요 정보가 있어요. 늘 가지고 다니며 인물과 더욱 친해질 수 있어요.

차례

추천의 글
구성 및 활용법
등장인물 소개
인물 관계도

1 서당 집 아이 20

한국사 흐름 잡기
김옥균의 활약상 40

2 양자가 된 꼬마 천재 42

한국사 흐름 잡기
조선 후기의 시대 상황 60

3 개화사상에 눈뜨다 62

한국사 흐름 잡기
서양 문물의 전래 84
위정척사파 86

4 근대화의 꿈 88

한국사 흐름 잡기
서양 문물을 받아들인 일본 112
통상을 강요당한 조선 114

5
위기 속에서 기회를 보다 116

한국사 흐름 잡기

개화파 134
급진 개화파의 대표 인물들 136

6
갑신정변, 그리고 삼일천하 138

한국사 흐름 잡기

갑신정변 156
갑신정변 이후
급진 개화파의 행보 158

체험 학습
한국사 연표

7
역사 속으로 지다 160

한국사 흐름 잡기

개항 이후의 변화 178

한국사 독해 워크북 184

1일: 나의 큰 꿈, 조선의 개화
2일: 근대화에 성공한 일본
3일: 서양 문물은 조선에 어떻게 소개되었을까요?
4일: 강화도 조약의 불평등함에 대하여
5일: 급진 개화파와 온건 개화파
6일: 홍영식에게
7일: 조선 시대에는 어떻게 편지를 보냈을까?

등장인물 소개

1392년 · 1400년 · 1500년
조선 건국

조선의 개혁가
김옥균
1851~1894

김옥균이 활동하던 조선 후기는 서양 열강이 조선을 노리며 세력을 뻗치고 있을 때였어요. 김옥균은 조선이 서양 열강과 동등해지려면, 그들처럼 힘을 길러야 한다고 생각했지요. 이를 위해 자신과 생각이 같은 친구들과 함께 개화당을 만들고, 신문물을 받아들여 새로운 조선을 만들고자 '갑신정변'을 일으키기로 했어요. 과연 김옥균이 시도한 갑신정변은 성공할 수 있을까요?

조선 후기 최고의 외교관
김홍집
1842~1896

김홍집은 서양 문물에 관심이 많았는데, 조선도 이를 받아들여 부강해져야 한다고 생각했어요. 이런 김홍집의 생각은, 친구 김옥균에게도 많은 영향을 미쳐 함께 개화당을 만들게 되었지요. 하지만 김홍집은 무력을 써서라도 조선을 개화시켜야 한다는 김옥균의 생각에 동의하지 않았어요. 과연 두 사람은 생각의 차이를 극복할 수 있을까요?

김옥균과 함께 갑신정변을 이끈
박영효
1861~1939

박영효는 명문가 자손으로, 김옥균과 함께 대표적인 급진 개화파 인물이에요. 나라를 발전시키기 위한 개화당의 노력이 반대 세력에게 번번이 방해받자, 이 상태로는 조선이 개화할 수 없다 판단한 박영효는 일생일대의 선택을 하지요. 그의 선택은 어떤 것이었을까요?

| 1600년 | 1700년 | 1800년 | 1851년 | 1900년 |

김옥균

격변의 시대에 휩쓸린 비운의 왕
고종
1852~1919
(재위 1863~1907)

흥선 대원군의 아들로, 조선의 제26대 왕인 고종은 우리에게 조선을 망국으로 몰고 간 왕으로 기억되고 있어요. 성인이 된 고종은 실권을 장악하고 있던 아버지 흥선 대원군을 몰아내고 자신이 직접 정치를 하고 싶어 했지요. 하지만 오히려 권력은 명성 황후가 장악했고, 외세의 침입은 보다 노골적으로 이루어졌습니다. 과연 고종은 이런 상황을 어떻게 헤쳐 나갈까요?

권력의 중심에 선 왕비
명성 황후
1851~1895

명성 황후는 고종의 비로, 시아버지인 흥선 대원군과 사이가 좋지 않았어요. 결국 고종과 함께 흥선 대원군을 쫓아내는 데 성공했지요. 이후 명성 황후는 흥선 대원군의 정책과는 반대로, 개화 정책을 펼쳤답니다.
조선을 노리는 일본과 청나라, 서양 열강의 틈바구니에서 그녀의 행보는 김옥균과 개화파에 어떤 영향을 끼쳤을까요?

김옥균이 활동한 시대는?

조선 후기, 세도 정치가 계속되면서 조선 백성들의 삶은 피폐해져만 갔어요. 게다가 일본과 청나라, 서양 열강 등이 조선을 호시탐탐 노리고 있었지요.
이런 혼란기에 왕이 된 고종에게는 힘이 없었어요. 흥선 대원군이 고종을 대신해 권력을 잡고 있었기 때문이지요. 개화를 반대하고 통상 수교 거부 정책을 편 흥선 대원군과 개화하여 서구의 문물을 받아들여야 한다고 주장한 명성 황후가 서로 대립하면서 조선의 상황은 점점 혼돈 속으로 빠지고 말았습니다.
이런 복잡한 상황에서 김옥균은 왜 개화당을 만들었는지, 개화당을 통해 어떤 활동을 하였는지, 그리고 그들이 일으킨 갑신정변은 사회에 어떤 영향을 미쳤는지 알아봅시다.

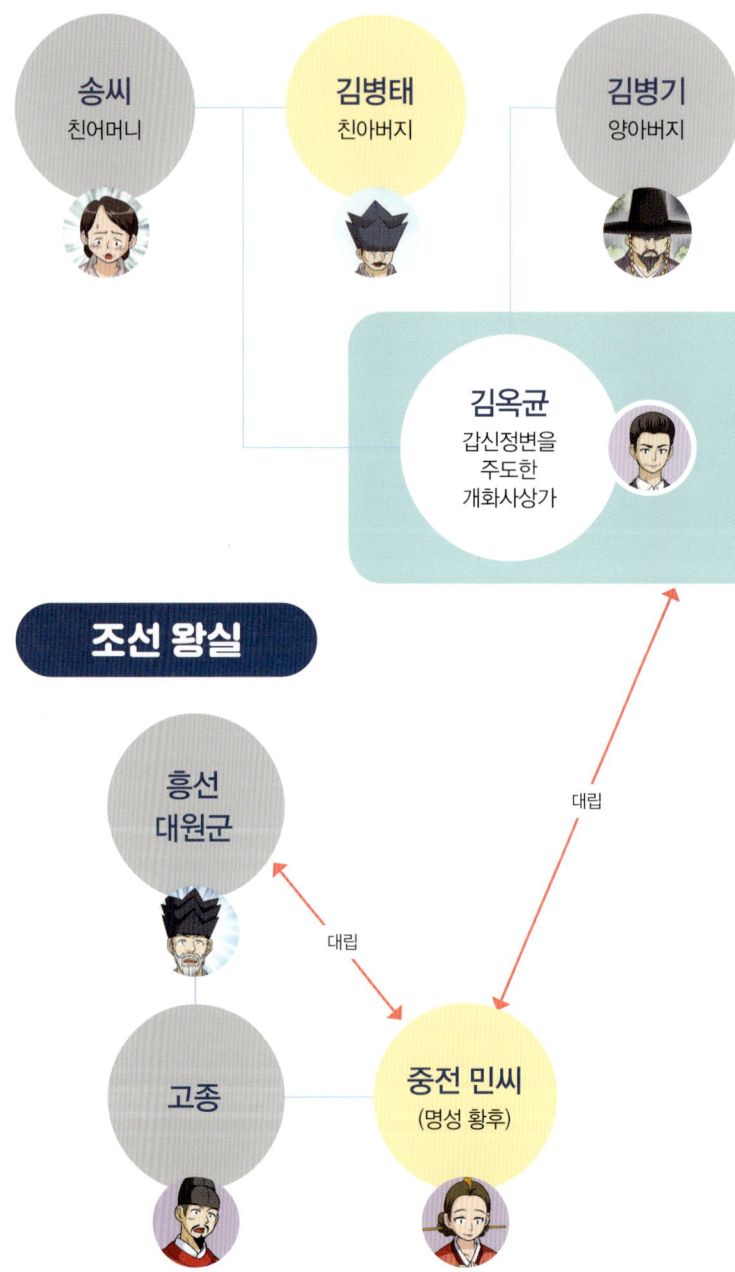

개화파

급진 개화파

박영효  홍영식  서광범

임오군란 이후 개화파 분화

온건 개화파

김홍집  김윤식 어윤중

1 서당 집 아이

1851년(철종 2년)에 태어난 김옥균은 충청도 공주에서 어린 시절을 보냈습니다.

옥균아, 놀자!

아직 덜 먹었는데, 벌써 온 거야?

옥균아, 빨리 가서 놀자~

* **세도가** 정치상의 권세를 휘두르는 사람 또는 그런 집안

* **입신행도 양명어후세** 몸을 세워 도를 행하고 후세에 이름을 드날림

당신을 닮아서
글을 참 빨리 깨치는
것 같아요.

책 읽는 것도
좋아하고요.

오늘 밤에
다 읽어야지!

다다다다

근데
그게 좋은 일인지는
잘 모르겠구려.

김옥균의 아버지는 총명한 아들이 대견하면서도
한편으로는 걱정이 되었습니다.

왜요?
타고난 능력이 있다면
세상에 나가 뜻을 펼쳐 보는
것도 좋지 않겠어요?

흠…

세상이 너무 어지러워
행여 화를 당하지나 않을까……
걱정이 돼서 말이오.

서당 집 아이

한국사 흐름 잡기

김옥균의 활약상

김옥균은 굳게 닫힌 나라의 문을 열어 서양의 앞선 문물을 받아들여야 조선이 강한 나라가 될 수 있다고 생각한 급진 개화파의 지도자예요. 갑신정변을 주도하며 우리나라 개화사상의 형성에 크게 이바지하였답니다.

개화사상가 김옥균

김옥균의 어린 시절

김옥균은 1851년(철종 2년), 안동 김씨 가문에서 태어났어요. 당시 안동 김씨는 최고의 권력을 쥔 세도 가문으로, 대부분 높은 벼슬을 차지하고 있었지요. 하지만 김옥균의 아버지는 이들의 먼 친척으로, 충청도의 작은 마을에서 아이들을 가르치며 살았습니다. 김옥균은 어릴 때부터 총명해 말을 배우자마자 글을 익혔고, 시를 직접 짓기도 했어요. 여섯 살이 되던 해에는 한양에 사는 당숙의 양아들이 되었지요.

김옥균의 생가터

개화사상에 눈뜨다

고종의 위임장을 받아 오면 차관을 빌려주겠다고 말한 일본의 관료 이노우에 가오루

한양에 올라온 김옥균은 양아버지의 뒷바라지 덕에 똑똑하고 늠름한 청년으로 자랄 수 있었어요. 그리고 스물두 살이 되던 해에 과거에 급제해 벼슬을 하며 서양 문물을 받아들여야 한다는 개화사상에 눈을 떴지요.

스승 박규수를 중심으로 자신과 뜻이 통하는 친구들을 만난 김옥균은 조선이 나아갈 길에 관해 토론하고 서양의 새로운 지식을 배우는 등 나라를 개화시키기 위한 밑그림을 그리기 시작했습니다.

강화도 조약 후, 일본을 돌아보다

외교 사절단인 수신사 자격으로 일본에 간 김옥균은 개화된 일본의 모습에 자극받았어요. 김옥균은 개화 정책을 펴야만 조선이 외세에 휘둘리지 않는 자주 국가가 되어, 근대적인 나라로 성장할 수 있다고 생각하게 되었어요.

김옥균의 묘

조선으로 돌아온 김옥균은 고종을 설득해 청년들이 일본에서 군사와 학술을 배우고 오도록 했어요. 하지만 임오군란 이후에는 개화 정책을 펼치기가 점점 힘들어졌어요.

뜻을 이루지 못하다

김옥균은 일이 뜻대로 돌아가지 않자, 사사건건 개혁을 가로막는 반대 세력을 제거하고자 갑신정변을 일으켰어요. 하지만 청나라의 개입으로 사흘 만에 정변은 실패하고 말았지요.
그 후 일본에서 망명 생활을 하면서도 김옥균은 조선 근대화의 꿈을 잃지 않았고 이를 위해 청나라로 갔어요. 하지만 조선에서 보낸 자객의 총에 맞아 먼 타국에서 세상을 떠나고 말았습니다.

> **여기서 잠깐** **조선의 제26대 왕, 고종**
>
> 고종은 열두 살의 어린 나이에 왕이 된 탓에 그의 아버지인 흥선 대원군이 섭정(왕이 직접 통치할 수 없을 때 왕을 대신하여 나라를 다스림)을 맡았습니다. 하지만 성인이 되면서 스스로 정치를 하고 싶었던 고종은 점차 흥선 대원군을 경계했어요. 고종이 이런 결정을 한 데에는 비인 명성 황후의 도움이 컸지요.
> 이후 정권을 잡은 고종은 흥선 대원군이 추진했던 통상 수교 거부 정책을 버리고, 개화 정책을 추진했어요. 그 과정에서 조선을 식민지로 삼고자 하는 일본으로부터 다양한 방법으로 압박을 받았지요. 고종과 명성 황후는 일본을 막기 위해 청나라, 러시아와 친밀하게 지냈습니다. 이에 일본은 명성 황후를 죽이는 만행을 저질렀어요.
> 고종은 왕조를 부흥시키고 자주 국가의 모습을 갖추기 위해 여러모로 노력하였어요. 하지만 일본의 협박으로 왕의 자리에서 물러난 뒤, 1919년에 덕수궁에서 갑작스럽게 세상을 떠나고 말았습니다.

고종의 어진 ⓒ 국립중앙박물관

2 양자가 된 꼬마 천재

한양에 올라온 김옥균은 기와집에서 비단옷을 입고 생활했습니다.

* 문방사우 종이, 붓, 먹, 벼루의 네 가지 문방구

*사형 나이나 학덕(學德)이 자기보다 높은 사람을 높여 이르는 말

양자가 된 꼬마 천재

* **탐관오리** 백성의 재물을 탐내어 빼앗는, 행실이 깨끗하지 못한 관리

한국사 흐름 잡기

조선 후기의 시대 상황

조선 후기에는 제23대 왕 순조 때부터 60여 년 동안 왕의 외척에 의한 세도 정치가 이루어졌어요. 외척들의 득세로 탐관오리의 수탈은 날로 심해졌고, 백성들의 삶은 점점 더 어려워졌지요. 바다 곳곳에서는 조선의 배와 모양이 다른 배(이양선)가 대포로 무장한 채 자주 출몰하여 백성들의 불안감은 더욱 커졌습니다.

서양 세력이 밀려온 19세기의 조선

열강이란 군사·정치·경제적인 기반이 탄탄해 국제 정치에 큰 영향력을 행사하는 힘 있는 국가를 말해요. 당시 서양에서는 산업 혁명을 거쳐 자본주의를 이룩한 열강이 상품을 수출하고 원료를 수입할 시장을 넓히고자 아시아를 넘보고 있었어요. 이러한 목적을 가진 세계열강은 힘이 약한 조선에 침투하고자 호시탐탐 기회를 엿보고 있었습니다.

흥선 대원군 영정

흥선 대원군의 통상 수교 거부 정책

천주교는 흥선 대원군이 집권하기 전부터 조선에 들어와 있었어요. 천주교는 평등 사상을 앞세워 세력을 점점 넓혀 나갔습니다.

집권 초기에 흥선 대원군은 천주교를 관대하게 대하면서 프랑스 세력을 끌어들여 조선을 넘보는 러시아 세력을 견제하려 했어요. 하지만 이 계획은 국제 정세의 변화로 인해 실패로 돌아가고 말았지요. 그런 때에 유생들이 강력하게 천주교를 반대하고 일어나자, 흥선 대원군은 천주교에 대한 대대적인 탄압을 시작했습니다. 이에 1866년(고종 3년) 프랑스가 천주교 탄압에 반발하여 강화도를 공격하는 병인양요가 일어납니다.

그로부터 2년 뒤인 1868년(고종 5년), 다른 나라와 관계를 맺지 않고 문호를 굳게 닫는 흥선 대원군의 통상 수교 거부 정책을 더욱 강경하게 만드는 사건이 발생했어요. 독일 상인 오페르트가 통상을 요구하려고 흥선 대원군의 아버지 묘를 파헤치는 일이 벌어졌지요. 이 사건으로 흥선 대원군은 더욱 강력하게 외국과의 교류를 거부했습니다.

조선의 개항을 요구한 열강

1871년(고종 8년), 미국이 조선과의 통상 조약을 맺고자 군함을 이끌고 강화도 해협에 침입한 사건이 발생했습니다. 이 사건을 신미양요라고 하지요. 하지만 흥선 대원군의 통상 수교 거부 정책으로 미국은 별 소득 없이 철수해야 했어요.

이후 1873년(고종 10년) 흥선 대원군이 정치에서 물러나자, 1875년(고종 12년) 일본은 조선 해안을 연구한다는 핑계로 강화도에 불법으로 침입했습니다. 이를 운요호 사건이라고 해요. 일본은 운요호 사건을 빌미로 개항을 요구했고, 1876년(고종 13년) 강화도에서 조선과 조약을 체결했지요.

통상 수교 거부 정책의 의지를 백성들에게 심어 주고자 흥선 대원군이 전국 곳곳에 세운 척화비

흥선 대원군의 천주교 탄압을 구실로 프랑스 함대가 강화도를 공격했음.

이것이 바로 강화도 조약이에요. 이 조약은 일본의 무력 행위에 굴복해 강압으로 맺은 것으로, 그 내용 또한 조선의 권리는 무시된 채 일본의 요구와 권리만 있는 불평등 조약이었습니다.

강화도 조약 이후 조선은 개항했고, 고종과 명성 황후는 미국·프랑스·러시아 등 열강의 요구를 차례로 수용해 조약을 맺었답니다.

교과서 핵심 키워드

조선의 국내외 상황
- 세도 정치로 인해 살기 어려워진 백성의 봉기가 끊이지 않았습니다.
- 서양과 일본 세력이 문호 개방을 요구하며 조선을 위협하였습니다.

흥선 대원군의 정책
- 다른 나라와 수교하는 것을 반대하였습니다.

서양 세력의 통상 요구와 조선의 대응
- 여러 나라에서 조선에 통상 요구를 했지만, 이를 거부하자 조선을 침략하였습니다.
- 흥선 대원군은 전국에 척화비를 세워 서양과 교류하지 않겠다는 뜻을 굳건히 하였습니다.

3 개화사상에 눈뜨다

* **화친** 나라와 나라 사이에 다툼 없이 가까이 지냄

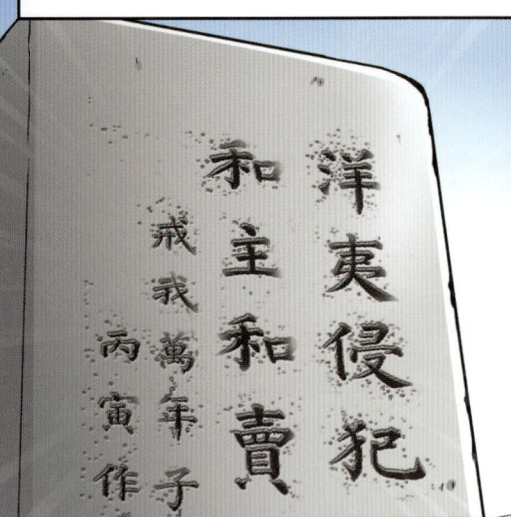

* **전적** 성균관에 속하여 학생을 지도하던 정육품 벼슬

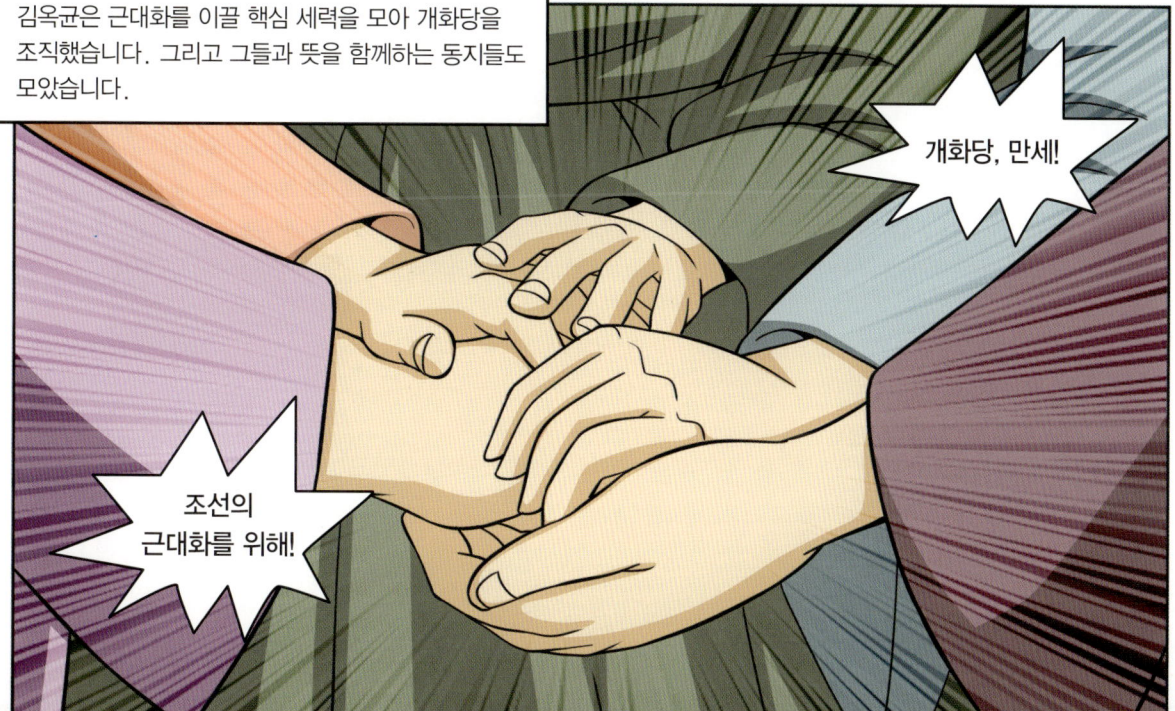

한국사 흐름 잡기

서양 문물의 전래

조선 후기에 이르러 열강이 조선의 문을 두드리기 시작하면서 서양 문물을 받아들여야 한다는 주장과, 이를 배척하고 우리 문물을 지켜야 한다는 주장이 서로 대립하는 상황이 벌어졌습니다. 그런데 이런 갈등을 일으킨 서양 문물은 어떻게 조선에 전해졌을까요? 지금부터 그 경로를 알아보아요.

연행사 일행이 청나라에 다녀올 때 쓴 일기, 《연행일록》 ⓒ 경기도 박물관

서양 문물의 전래 경로

서양의 여러 나라는 무역을 위해 청나라와 교류하였어요. 그리고 청나라에는 종교를 널리 퍼뜨리기 위해 선교 활동을 하러 들어와 있던 서양 선교사가 많았지요. 서양 상인들과 선교사들은 여러 가지 서양 문물을 청나라 사람들에게 소개해 주었습니다.

이 당시 조선은 청나라에 '연행사'라는 외교 사절단을 파견했어요. 이들은 두 달 동안 청나라에 머물며 나랏일뿐만 아니라, 학자 등 다양한 분야의 사람을 만나 문화 교류를 했습니다. 그러면서 조선의 사신들은 서양 선교사들로부터 직접 소개받거나 서양인이 중국어로 쓴 책을 읽는 등의 경로로 서양 문물을 접할 수 있었어요.

여기서 잠깐 ▶ 영선사와 조사 시찰단

1881년(고종 18년) 청나라의 문물을 살피고 그 기술을 배우기 위해 떠난 사람들이 있었어요. 이 외교 사절단을 '영선사'라고 불렀지요. 이들은 화학, 전기, 외국어를 비롯해 근대식 무기 제조법과 군사 제도에 관한 기술 등을 배웠어요. 귀국한 뒤에는 조선 최초의 무기 공장인 '기기창'을 세우고 무기를 생산했답니다.

영선사가 청나라에 파견될 무렵, 일본으로 떠난 사람들이 있어요. 이들은 '조사 시찰단'이라 일컬었지요. 약 4개월 동안 일본에 머문 시찰단은 정부 기관은 물론 근대적 시설을 갖춘 공장, 군사 시설, 학교, 병원 등을 둘러보고 군사, 경찰, 법률 제도에 대해서 조사하였어요. 그 후 조선으로 돌아온 이들은 나라의 개화를 위해 일했습니다.

근대식 무기를 제작하던 기기창 건물

조선에 전래된 서양 문물

멀리 있는 물체를 크고 정확하게 볼 수 있도록 만든 천리경(망원경)이 조선에 전해지자 이를 통해 천체를 자세히 관찰할 수 있게 되었어요. 또한 시간마다 종이 울리는 자명종(시계)이 전해졌지요.

이탈리아 선교사 마테오 리치

서양에서 만든 세계 지도도 조선에 소개되었어요. 그건 바로 〈곤여만국전도〉랍니다. 1602년(선조 35년)에 이탈리아 선교사 마테오 리치가 북경에서 제작한 지도를 1708년(숙종 34년) 조선에서 그대로 다시 그려서 만들었지요.

이 지도는 당시 조선인들에게 서양의 지리학과 지도 제작 수준, 서양 세계의 대한 정확한 정보를 일목요연하게 시각적으로 알려 주었어요.

천문도와 세계 지도를 담고 있는 지도 〈곤여도〉
ⓒ 국립중앙박물관

서양 문물이 조선에 끼친 영향

조선은 서양 문물을 접하면서, 중국보다 더 넓은 세계가 있으며 중국보다 발전된 나라가 많다는 사실을 깨달았지요. 즉, 중국이 세계의 중심이라는 생각을 바꾸게 된 것이에요. 이후 서양의 발달한 과학 기술을 연구하고 받아들여야겠다는 생각을 하는 사람이 늘어났답니다.

> **여기서 잠깐** **태극기의 탄생**
>
> 1875년(고종 12년)에 발생한 운요호 사건 때, 일본은 조선이 일본의 국기가 달린 배에 포격을 가했다며 트집을 잡았어요. 그런데 이 당시 조선에는 국기가 없었지요. 이를 계기로 국기 제정에 대한 필요성을 깨닫기 시작했습니다.
>
> 그러자 청나라에서는 자기네 국기를 본받아 만들라고 강요했어요. 이 말을 들은 고종은 분개하여 태극원과 사괘를 직접 그려 국기로 정하라는 명령을 내렸고. 박영효는 그 명을 받아 1882년(고종 19년) 태극기를 완성하였습니다. 그리고 이듬해에 태극기가 조선의 국기로 채택되었으며, 1949년부터는 대한민국의 국기로 사용되고 있답니다.
>
>
>
> 우리나라에 현존하는 가장 오래된 태극기 ⓒ 국립중앙박물관

한국사 흐름 잡기

위정척사파

위정척사파는 서양 문물을 받아들여야 한다는 개화파의 주장에 맞선 사람들로, 우리 문화를 지키고 서양 문물을 배척하자는 주장을 펼쳤어요. 이들은 조선 후기 동안 꾸준히 자기들의 주장을 펼치며 개화파를 저지하는 데 앞장섰습니다.

서울 마포구에 있는 절두산 순교 박물관. 흥선대원군의 천주교 박해 때 교인들이 처형된 장소임. ⓒ Matthew smith 254

위정척사란?

'위정(衛正)'은 옳은 것을 갖는다는 뜻이고, '척사(斥邪)'는 나쁜 것을 물리친다는 뜻이에요. 즉 청나라와 우리의 유교 문화는 옳고, 서양의 새로운 제도는 나쁜 것이라 여긴다는 의미를 담고 있습니다.

어떻게 생겨났을까?

위정척사파는 유생층을 중심으로 형성되었어요. 조선 후기에 실학 운동이 활발해지고 천주교가 전파되자 이 때문에 유교 질서가 흐트러질 것을 걱정한 사람들이 생겨났어요. 이들을 가리

여기서 잠깐 **위정척사 사상의 대표, 최익현**

최익현은 함부로 외국과 교류하면 전통문화는 물론이고 경제적인 손해까지 입을 수도 있으니, 다른 나라와의 교류를 거부하자고 주장했던 위정척사파의 대표 인물입니다. 1876년(고종 13년) 강화도 조약 체결 당시, 이를 반대한 최익현은 '도끼를 지니고 대궐 문에 엎드려 화의를 반대한다(지부복궐척화희소, 持斧伏闕斥和議疏)'는 제목의 상소를 올렸어요. 상소가 받아들여지지 않으면 그 자리에서 죽겠다는 결의를 표시한 것이었지요. 하지만 최익현의 상소는 받아들여지지 않았습니다.
1905년(광무 9년), 일본이 대한 제국의 외교권을 빼앗기 위하여 강제로 을사늑약을 체결했어요. 이 소식을 접한 최익현은 일본에 맞설 것을 주장하며 전라도 태인에서 의병을 일으켰지요. 하지만 얼마 못 가 일본군에게 체포되고 말았어요.
쓰시마섬으로 유배를 간 최익현은 일본이 주는 음식을 일체 거부하며 저항하다 결국 일흔넷의 나이로 세상을 떠났습니다.

최익현의 초상화 ⓒ 국립중앙박물관

김옥균

켜 위정척사파라고 하지요. 위정척사파는 성리학 이외의 모든 종교와 사상은 나쁜 것으로 여겨 물리쳐야 한다고 주장했습니다.

서양 열강이 조선을 약탈할 것을 염려해 위정척사를 주장한 이항로 선생의 생가

위정척사 운동의 전개

1860년대에 유학자 이항로와 기정진 등은 서양 열강이 자신들의 욕심을 채우기 위해 조선을 이용하고 약탈할 뿐이라 주장하며 흥선 대원군의 통상 수교 거부 정책을 지지했어요.
1870년대로 들어서자 유학자 최익현은 일본과 서양을 한통속으로 인식했을 뿐 아니라, 개항하면 서양의 공산품이 조선의 농촌 경제를 파멸시킬 것이라고 경계했습니다.

조선의 운명을 이야기한 《조선책략》

《조선책략》은 황준헌이라는 청나라 외교관이 지은 책이에요. 일본으로 간 수신사 일행이 이 책을 가져오면서 조선에 알려졌습니다. 이 책에는 조선이 러시아의 침입을 막으려면 조선, 일본, 청나라가 서로 긴밀한 관계를 맺고, 서양의 기술을 배워 나라를 부강하게 해야 한다는 내용이 담겨 있어요. 이 책을 읽은 고종은 외교와 개화의 중요성을 인식하고 《조선책략》을 여러 신하에게 검토하게 했지요.

《조선책략》의 저자 황준헌

하지만 이 책을 본 위정척사파는 분노했어요. 위기를 느낀 위정척사파는 서양 세력과의 교류를 반대하는 상소를 올렸지만 받아들여지지 않았고, 고종은 1882년(고종 19년) 청나라의 주선으로 조미 수호 통상 조약을 체결하였습니다.

> **교과서 핵심 키워드**

서양 문물의 전래
- 청나라에 들어와 있던 서양 상인들과 선교사들이 연행사 일행에게 서양 문물을 소개하였습니다.
- 조선의 많은 사람이 서양 문물을 접한 뒤, 청나라가 세상의 중심이 아니라는 것을 깨달았습니다.
- 서양의 발달한 과학 기술을 배워야 한다고 생각하는 사람이 늘었습니다.

위정척사파
- 위정척사는 성리학적 질서를 지키고 외세의 침략을 물리쳐야 한다는 사상입니다.
- 성리학을 공부하던 유생층을 중심으로 위정척사를 주장했습니다.

4 근대화의 꿈

* **연대** 여럿이 함께 무슨 일을 하거나 함께 책임을 짐

당시 러시아는 유럽과 아시아 정벌에 힘 쏟으며 조선까지 탐내던 세계 최강국 중 하나였습니다.

* **유림** 중국의 공자를 시조로 하는 유학을 신봉하는 무리

근대화의 꿈

아니지.
양반과 관리들의 수탈이 여전한 데다, 강화도 조약으로 일본의 상공업이 조선의 경제를 갉아먹어 백성들의 생활은 더욱 어려워졌어.

나라를 발전시키는 것도 다 백성이 잘살게 하기 위함인데,

지금 같은 상황에서 세금을 더 거둔다는 것은 안 될 말이지.

그래, 우선 외국에서 돈을 빌려 개화를 추진하자.

개화를 통해 왕과 조정의 힘이 강해지면 그때 양반에게 세금을 거둬 빚을 갚으면 된다.

문제는 빌린 돈을 어디에 먼저 투자하느냐인데…….

휴……
전하께서 내린 과제를 내가 잘 해낼 수 있을까?

근대화의 꿈 97

"이렇게 고민만 하는 건 시간 낭비일 뿐이야."

고민을 거듭하던 김옥균은 자신이 직접 일본을 경험하고, 개화 정책을 구체화시키기로 마음먹었습니다.

"일본에 가서 내 눈으로 직접 알아봐야겠어!"

벌떡

김옥균은 마침내 일본 땅을 밟았습니다.

"항구의 규모가 실로 엄청나구나!"

"이렇게 많은 증기선이 모여 있다니……."

보통 배보다 몇 배나 빠른 증기선은 당시 조선의 기술로는 만들 수 없었기에, 김옥균은 여러 대의 증기선이 정박해 있는 항구를 보고 크게 놀랐습니다.

항만과 도로, 철도가 정비되어 있어! 이를 통해 물자 수송과 지역 개발을 원활히 할 수 있었던 거야.

신식 군대도 만들고 동시에 산업화를 추진했습니다.

놀랍군요. 그 많은 일을 이렇게 짧은 시간에 이루어 냈다니…….

방법을 알 수 있을까요?

내가 자리를 마련해 놓았습니다. 그곳에서 방법을 찾아보십시오.

근대화의 꿈

당시 구식 군대 군사들은 신식 군대인 별기군과의 차별 대우 때문에 불만이 쌓여 있었습니다.

* **차관** 한 나라의 정부나 기업, 은행이 외국 정부나 공적 기관으로부터 자금을 빌려 옴

한국사 흐름 잡기

서양 문물을 받아들인 일본

일본의 개항

1853년과 1854년, 미국의 해군 함대 사령관인 페리가 최신 전함을 타고 일본을 찾아왔어요. 페리 제독은 문호를 개방할 것을 일본에 강력히 요구했지요. 무력을 이용한 페리 제독의 요구에 일본은 미국과 무역을 목적으로 한 미일 화친 조약을 맺었습니다. 그 결과 일본은 항구를 개방하고 미국 선박의 안전을 보장해 주어야 했어요.

사실 이 조약은 미국에 더 많은 이익이 돌아가는 불평등 조약이었지만, 일본은 이를 계기로 2백 년 만에 문호를 열게 되었지요. 미국과 수교가 이루어지자 러시아, 프랑스, 영국 등에서 일본에 더 다가서기 시작했답니다.

미국 해군 함대 사령관인 매튜 페리

서양 문물의 수용

문호를 개방하기 전 일본은 무사 집단인 에도 막부가 장악하고 있던 나라였어요. 왕은 상징적으로만 존재할 뿐, 막부의 우두머리인 쇼군이 실질적인 통치권을 가지고 있었지요.

개항 후 여러 국가와 조약을 맺은 에도 막부는 서양의 근대 문물을 적극적으로 수용했어요. 특히 미국의 군사 정보와 무기 만드는 기술력을 받아들이는 데 열을 올렸습니다. 하지만 많은 양

> **여기서 잠깐** **일본 개화의 아버지, 후쿠자와 유키치**
>
>
>
> 일본의 계몽운동가 후쿠자와 유키치
>
> 후쿠자와 유키치는 일본의 근대화에 큰 영향을 준 인물이에요. 일본이 발전하기 위해서는 서양 학문을 배워야 한다고 주장하며 서양식 학교를 세워 많은 제자를 배출하였지요. 이후 이들은 일본의 근대화에 중요한 역할을 했습니다.
>
> 후쿠자와는 조선의 지식인에게도 많은 영향을 끼쳤어요. 제자였던 개화사상가 유길준을 통해 김옥균을 만나 조선의 개화를 지원해 주었지요. 그러나 1884년(고종 21년)에 일어난 갑신정변의 실패는 그의 생각을 돌려놓았습니다. 갑신정변에 가담한 급진 개화파와 그들 가족의 비참한 처우를 전해 들은 후쿠자와는 조선의 조정을 맹비난했어요.

의 원료가 외국으로 수출되면서 국내에서 사용할 물자가 부족해졌고, 서양 상품이 유입되면서 일본의 상인들은 경쟁에서 밀려나기 시작했어요. 이와 동시에 일본 농민의 생활도 어려워졌지요.
농민에 대한 지배력을 잃어 가던 에도 막부는 위기에 빠졌고, 점차 권력이 쇠퇴하기 시작했어요. 그 결과 에도 막부에 불만을 품은 세력이 당시 일본의 국왕이었던 메이지를 중심으로 모여들었습니다.

에도 막부의 초대 쇼군 도쿠가와 이에야스

메이지 유신

권력을 잡은 메이지 국왕은 1868년 메이지 유신을 단행했어요.
새롭게 바꾼다는 뜻의 유신을 통해 왕 중심의 중앙 집권 국가 수립을 목표로 근대화 정책을 시행했습니다. 신분제를 폐지했고, 조세 제도 개정 등 과감한 개혁을 했어요. 또한 서양 기술을 도입하여 상공업 육성에 힘썼으며, 무엇보다 세상을 변화시키는 근본이 교육이라는 생각에서 교육 제도를 서양식으로 바꾸어 의무 교육을 시행했습니다.
일본은 메이지 유신을 통해 경제적·정치적인 발전을 이루어 근대화에 성공한 나라가 되었습니다.

서양의 여러 제도를 조사하기 위해 일본에서 파견한 이와쿠라 사절단

그의 행보는 여기서 그치지 않았어요. 나라의 힘을 길러 일본도 세계열강의 대열에 합류할 것을 주장한 것이지요. "이웃 나라의 근대화를 기다려 함께 아시아를 일으킬 시간이 없다. 오히려 그 대열에서 벗어나 서양과 행동을 같이해 청나라와 조선을 접수해야 한다."라고 하며 힘으로 조선과 청나라를 지배하도록 호소했습니다. 그에게 조선과 중국은 더 이상 평등한 이웃이 아닌, 정복해야 할 나라였던 것이에요. '문명은 힘이고, 정의'라는 후쿠자와의 믿음은 침략 전쟁을 정당화하려는 일본에 이용되기도 했지요.
그의 사상은 《서양 사정》, 《학문의 권장》, 《문명론의 개략》, 《후쿠자와 유키치 자서전》 등을 통해 많은 사람에게 전달되었습니다.

후쿠자와 유키치의 저서 《학문의 권장》

한국사 흐름 잡기

통상을 강요당한 조선

1875년(고종 12년), 일본은 군함 운요호를 보내어 강화도 초지진에 닻을 내리고 의도적으로 조선을 자극했어요. 이에 조선군은 경고용 포격을 가하며 돌아가기를 요구했지만, 운요호는 맞대응하며 초지진에 큰 피해를 줬습니다. 이 운요호 사건으로 조선군에는 많은 사상자가 생긴 반면, 일본군은 두 명의 부상자만이 발생했어요.

일본의 군함 운요호

하지만 일본은 이 사건을 빌미로, 다음 해 조선에 통상 조약을 맺을 것을 요구했어요. 바로 강화도 조약이지요. 이것은 서양 열강이 군사력을 앞세워 아시아 국가들에 통상을 강요한 방식을 그대로 본뜬 것입니다.

서양 열강의 전철을 밟은 일본

사실 일본도 조선과 마찬가지로 통상 수교 거부 정책을 펼친 나라였어요. 하지만 무력을 앞세운 서양 열강 앞에서 어쩔 수 없이 통상 조약을 맺고 문호를 개방해야만 했지요. 그 후 20년 만

> **여기서 잠깐** — **강화도 조약의 주요 조항과 문제점**
>
> **1조. 조선은 자주국이며, 일본과 평등한 관계를 맺는다.**
> 나랏일을 스스로 결정하고 처리할 수 있는 자주국임을 밝혀서 조선과 청나라의 관계를 끊게 한 뒤 조선을 침략하려 한 일본의 의도가 담겨 있습니다.
>
> **4조. 조선은 부산 이외에 제물포(인천)와 원산 두 곳을 개항하고 일본인이 오고 가며 통상하도록 허가한다.**
> 일본인이 조선에서 자유롭게 장사할 수 있게 하는 조항으로, 이에 따라 조선의 상인들이 피해를 보았습니다.
>
> **9조. 백성들은 마음대로 무역하며, 양국 관리들은 이를 간섭하거나 금지할 수 없다.**
> 일본인 때문에 조선의 백성들이 손해를 봐도 보상을 받을 수 없게 만들었습니다.
>
> **10조. 일본인이 조선에서 조선 백성에게 죄를 짓더라도 일본 관리가 심판한다.**
> 일본인을 벌할 수 있는 권리를 막아 일본인들이 조선에서 멋대로 행동할 수 있게 하였습니다.

강화도 조약을 묘사한 그림

에 근대화에 성공한 일본은 서양 열강이 했던 것처럼 자기들도 식민지를 가지려 했어요. 그 첫 번째 대상이 조선이었고, 조선을 식민지로 만들기 위한 첫 번째 단계가 바로 강화도 조약이었습니다.

강화도 조약을 주도한 구로다 기요타카

집권 교체로 체결된 강화도 조약

강화도 조약을 맺을 당시, 조선에서는 커다란 정치적 변화가 일어났어요. 흥선 대원군이 실각한 후 정권을 장악한 고종과 명성 황후는 그동안 흥선 대원군이 고집했던 통상 수교 거부 정책을 버리고, 개화를 택한 것이지요. 이를 위해 고종은 명성 황후의 세력을 주요 관직에 임명했어요. 명성 황후와 그녀의 지지자들 역시 개화 정책에 대해 긍정적인 생각을 하고 있었기 때문입니다.

조정을 채우고 있는 관리 중 일본과의 교류를 통해서 서양의 우수한 문물을 받아들여야 한다고 생각하는 사람들이 많아지면서, 조선이 외국과 맺은 첫 근대적 조약인 강화도 조약이 순조롭게 체결될 수 있었습니다.

명성 황후의 측근 세력이었던 민영익

하지만 이 조약에는 일본에만 유리한 내용이 많았습니다. 또한 조항의 효력이 언제까지인지, 무효화할 수 있는 경우는 어떤 것인지에 대한 내용이 없었지요. 그 결과, 서양 문물의 수입은 활발해졌지만 일본의 간섭이 심해져 조선의 경제가 어려워졌어요.

이후 미국, 영국 등 서양 열강과도 조약을 맺어 교류를 확대하였지만, 이마저도 조선의 권리를 보장받지 못한 불평등 조약이었습니다.

교과서 핵심 키워드

일본의 개항
- 미국의 페리 제독에 의해 미국과 조약을 맺고 나라의 문을 열었습니다.
- 메이지 유신을 통해 서양 문물을 적극적으로 받아들이고 적용해, 근대화에 성공하였습니다.

조선의 개항
- 일본은 운요호 사건을 일으켜 조선의 닫힌 문호를 열었습니다.
- 불평등한 조약인 강화도 조약 체결로 조선의 경제는 더욱 어려워졌습니다.
- 서양 열강과도 조약을 맺어 교류를 확대하였지만, 여전히 조선에 불평등한 조약이었습니다.

5 위기 속에서 기회를 보다

위기 속에서 기회를 보다

1883년(고종 20년), 재정 적자에 허덕이던 조정에서는 근대화에 필요한 자금 조달 방법을 놓고 팽팽한 신경전이 벌어졌습니다.

철도를 놓고, 공장을 세우려면 자금이 필요하다. 경들은 이를 어찌 마련하면 좋을지 말해 보라.

세금을 좀 더 거두는 것은 어떻겠습니까, 전하.

그것은 안 될 말입니다. 백성들의 형편은 지금도 어렵거늘, 어찌 또 희생을 강요한단 말입니까?

백성을 잘살게 하자고 벌이는 일이 도리어 백성을 힘들게 해서는 안 됩니다.

그렇다면 김옥균 자네는 대안이 있는가? 대안도 없이 반대만 하는 건 누구라도 할 수 있는 일이지 않소!

있습니다. 차관을 들여오겠습니다!

* **좌천** 낮은 관직이나 지위로 떨어지거나 외직으로 전근됨

김옥균을 비롯한 급진 개화파들은 혁명을 일으켜 반대파를 제거하고 자기들의 뜻을 펼칠 준비를 하나씩 갖추어 나갔습니다.

다 모인 것 같으니, 시작합시다.

동지들, 이제 우리가 행동할 때가 됐습니다!

우리 모두 힘을 합쳐 조선을 구해 냅시다!

조선을 속국으로 생각하는 청나라와 그들과 손을 잡은 중전 민씨 세력을 몰아내고,

오로지 조선의 근대화를 위한 길로 달려 나가야 할 때입니다.

우린 준비가 되었소!

* 거사 큰일을 일으킴

우정총국 낙성식 이틀 전

이것이 바로 전하께서 내게 주신 밀지입니다.

이제 우리에게 필요한 것은 모두 갖춰졌고, 우리의 행동만 남아 있습니다.

또한 백성들의 삶이 몰라보게 윤택해질 겁니다.

우리가 성공한다면 조선도 청나라, 일본과 어깨를 나란히 하는 강국이 될 수 있을 겁니다.

신분과 관계없이 모든 이가 평등한 권리를 누릴 수도 있지!

동지들, 새로운 세상에서 만납시다!

조선의 개화를 위해!

한국사 흐름 잡기

개화파

실학 사상은 박규수, 유홍기 등을 통해 다른 나라와 교류해야 한다고 주장하는 통상 개국론으로 이어졌습니다. 강화도 조약을 계기로 개항한 후에는 외국의 선진 문물을 받아들여 근대화를 이룩해야 한다고 주장한 개화파가 이 사상을 이어받았습니다.

하지만 개화파는 구식 군대와 신식 군대의 차별로 일어난 임오군란을 계기로 급진 개화파와 온건 개화파로 나뉘게 되었어요. 청나라에 대한 견해가 서로 달랐던 것이 그 원인이었습니다.

급진 개화파

급진 개화파는 일본의 도움을 받아서라도 조선의 개화를 서둘러야 한다고 생각하는 사람들로 구성되었어요.

이들은 청나라를 섬기고 의존하는 정책을 버리고 단시간 내에 근대화를 이룩한 일본의 메이지 유신을 개화 모델로 삼아 하루라도 빨리 조선을 근대적 국가로 탈바꿈시켜야 한다고 주장했습니다.

이를 위해 급진 개화파는 서양의 기술뿐만 아니라, 근대적 제도와 사상까지 받아들이는 적극적인 개혁을 추진했어요. 또한 청나라의 간섭으로부터 조선이 독립해야 한다고 외쳤습니다.

> **여기서 잠깐 ▶ 구식 군대의 반란, 임오군란**
>
> 조선은 개항 후 별기군이라는 신식 군대를 조직하여 일본에서 들여온 새로운 무기로 훈련시켰습니다. 하지만 이 과정에서 구식 군대와의 차별이 생겼어요. 별기군과 달리 구식 군대 군사들은 오랫동안 급료조차 받지 못했지요. 그러던 중 밀렸던 급료 대신 모래가 섞인 쌀을 받자 분노한 구식 군대 군사들이 관청과 일본 공사관에 쳐들어가 난을 일으켰습니다. 이것을 '임오군란'이라고 하지요.
>
>
> 임오군란을 피해 작은 배를 타고 도망가는 일본 공사관원들
>
> 개화에 반대하던 이들은 흥선 대원군을 정치에 복귀시킬 계획을 세웠지만, 명성 황후의 요청으로 난을 진압한 청나라가 흥선 대원군을 데려가는 바람에 실패하고 말았어요.
>
> 임오군란 이후 조선은 청나라의 간섭을 받으며 자주권에 위협을 받았고, 일본 공사관의 경비를 구실로 삼은 일본군이 조선에 머무르는 것을 허용해야 했습니다.

온건 개화파

온건 개화파는 전통적 사회 질서를 지키되, 서양의 과학 기술을 받아들이며 서서히 개화해야 한다고 생각하는 사람들로 구성되었어요. 이들은 청나라에 우호적인 명성 황후와 협력하면서, 유교 사상을 바탕에 둔 개혁을 주장했습니다. 이는 청나라가 추진하던 양무운동을 모델로 삼은 것이에요. 양무운동은 1861년부터 청나라에서 일어난 근대화 운동으로, 동·서양의 문물은 서로 가치를 보완할 수 있다는 논리로 진행된 개혁입니다.

북학사상가 박지원 ⓒ Park Ju-su

훗날 온건 개화파는 조선의 낡은 제도를 없애고 근대 국가로 발돋움하기를 바라며 1894년(고종 31년)에 갑오개혁을 이끌었어요. 이를 통해 신분 제도가 폐지되었고 세금을 법으로 정해 관리들의 횡포가 줄었지요.

갑오개혁은 실학에서부터 갑신정변, 동학 농민 운동에 이르는 여러 개혁의 움직임을 배경으로 하여 이루어진 개혁으로, 우리나라 근대화에 있어 중요한 사건이지요. 그렇지만 갑오개혁은 외세의 힘에 의존하였다는 한계 때문에 백성들의 반발에 부딪히게 되었어요.

> **여기서 잠깐** **개화사상의 선구자, 박규수**
>
> 박규수는 북학파 실학자인 박지원의 손자예요. 이 때문에 그의 학문은 실학사상이 바탕을 이루었지요. 어릴 적부터 학문이 뛰어났던 박규수는 순조 말년에 대리청정하던 효명 세자(순조의 세자)의 눈에 띄었습니다. 효명 세자는 그와 함께 조선 사회를 개혁하고자 했지요. 하지만 효명 세자가 갑작스럽게 세상을 뜨자 상실감을 이겨 내지 못한 박규수는 관직을 내려놓고 학업에만 열중했어요. 그리고 20년 뒤, 조정에 돌아와 그동안 쌓은 학문을 정치에 활용했습니다.
>
> 박규수는 청나라를 자주 오가며, 그곳에서 얻은 깨달음을 바탕으로 실학을 발전시켰어요. 그리고 자신의 거주지인 북촌에서 김옥균, 김홍집, 박영효, 서광범 등과 함께 지식을 나누었지요. 이들은 그의 열린 지식에 자극받았고, 이후 박규수의 사상에 자신들의 개화사상을 더해 나갔습니다. 박규수는 실학사상과 개화사상을 이어 준 연결 고리였던 셈입니다.
>
>
>
> 개화파의 스승, 박규수

한국사 흐름 잡기

급진 개화파의 대표 인물들

박영효

명문가 집안에서 태어난 박영효는 조선 제25대 왕 철종의 딸 영혜 옹주와 혼인했어요. 하지만 혼인한 지 석 달 만에 아내를 여의게 되었고, 이를 불쌍히 여긴 왕실은 그에게 다양한 기회를 주었지요. 그 중 하나가 외교 사절단이 되어 일본에 가는 일이었어요.

여러 시설을 둘러보며 근대화를 이룬 일본의 모습에 감명을 받은 박영효는 조선이 군대와 산업에서 일본의 기술과 제도를 적극적으로 수용해야 한다는 생각을 하게 되었지요.

갑신정변 이후 일본으로 망명했다가 청일전쟁에 승리한 일본을 등에 업고 다시 조선에 돌아온 박영효는 정·재계에서 여러 활동을 펼쳤습니다. 하지만 일제 강점기 시절에 친일한 행각이 드러나면서 친일 반민족 행위자 명단에 포함되었습니다.

철종의 부마이자 급진 개화파였던 박영효

여기서 잠깐   온건 개화파의 대표 인물, 김홍집

김홍집은 대대로 고위 관료를 배출한 명문 집안에서 태어났어요. 그가 과거에 급제한 시기는 조선이 여러 나라에 문호를 개방하라는 압력에 시달리던 때였지요. 그는 이러한 조선의 위기 상황을 극복할 새로운 인물로 발탁되어 높은 벼슬에 앉게 되었습니다. 일본을 오가며 선진 문물을 접한 김홍집은 조선의 개화를 주장했고, 《조선책략》을 들여와 위정척사파와 대립하기도 했어요. 외교와 군사 제도 등을 근대적으로 개혁하기 위해 만든 관청인 통리기무아문에서 외교 통상 업무를 맡아보며, 조선이 미국과 영국, 독일 등과 통상 조약을 맺을 때 협상을 담당하기도 했지요.

1894년(고종 31년) 김홍집은 갑오개혁을 단행하여 조선의 개화를 위해 힘썼지만, 2년 후 러시아 세력이 조정을 장악하자 나라를 혼란하게 만들었다는 이유로 죽임을 당하고 말았습니다.

어린 시절 김옥균과 절친한 동무였던 김홍집

서광범

서광범의 사촌이자 급진 개화파였던 서재필

서광범은 고급 관료 집안의 자제로 태어나 과거에 급제한 뒤, 높은 관직을 지낸 인물이에요. 일본 시찰을 떠나는 김옥균과 함께 일본의 상황을 살폈지요. 그러다 조선 최초로 서양에 파견된 외교 사절단인 보빙사의 일원으로, 미국의 주요 도시를 돌아보고 유럽 나라들을 방문하는 기회를 얻기도 했어요. 여러 나라의 선진 문물을 접한 서광범은 조선의 개화를 서둘러야 함을 누구보다 절실히 느꼈습니다.

갑신정변 이후, 미국으로 망명한 서광범은 번역관 겸 통역관으로 일했어요. 그러다 청일 전쟁이 일어나자 조선으로 돌아와 갑오개혁을 추진하였어요.

이후 미국에서 공사를 역임하다 폐병이 악화하여 귀국하지 못한 채 삶을 마감했습니다.

홍영식

열아홉 살에 과거에 급제한 홍영식은 외교 활동을 위해 간 일본에서 많은 것을 보고 배웠어요. 특히 일본의 우편 제도에 관심을 보였는데, 조선으로 돌아와 근대적인 우편 제도를 주장하며 오늘날의 우체국과 같은 우정총국을 설치하는 데 앞장섰습니다.

우정총국의 완공을 축하하는 낙성식 날, 이곳의 책임자였던 홍영식은 급진 개화파 동료들과 함께 갑신정변을 일으켰어요. 하지만 사흘 만에 정변은 실패로 막을 내렸고, 홍영식은 끝까지 고종의 곁을 지키다 청나라 군대에 의해 목숨을 잃고 말았습니다.

홍영식

교과서 핵심 키워드

개화파
- 외국의 발달한 선진 문물을 받아들여 근대화를 이룩해야 한다고 주장하였습니다.
- 임오군란을 계기로 개화파가 급진 개화파와 온건 개화파로 나뉘었습니다.

급진 개화파
- 서양의 근대적인 사상과 제도를 수용해야 한다고 주장하며, 갑신정변을 일으켰습니다.
- 일본의 메이지 유신을 모델로 삼아 조선을 탈바꿈시키려고 하였습니다.

온건 개화파
- 유교 사상을 기반으로 하여 서양의 과학 기술만을 받아들이면서 점진적으로 개혁하자고 주장하였습니다.
- 청나라의 양무운동을 모델로 삼았습니다.

6 갑신정변, 그리고 삼일천하

1884년(고종 21년) 12월 4일 저녁, 우정총국 낙성식에 초대 인사들이 속속 모여들었습니다.

아이고~ 민영익 대감 아니신가? 와 줘서 고맙소.

나랏일인데, 제가 빠질 수 있나요.

미안하네만, 오늘이 네 제삿날이 될 것이다.

갑신정변, 그리고 삼일천하

갑신정변, 그리고 삼일천하

흥선 대원군을 즉각 조선으로 돌아오게 하고,
청나라에 대한 조공을 폐지한다.
문벌을 폐지하고 실력과 재능에 따라 인재를 등용한다.
조세 제도를 개혁해 탐관오리를 근절하고
백성을 구제하며 국가 재정을 늘린다.

갑신정변, 그리고 삼일천하

* 환궁 임금이나 왕비, 왕자 등이 대궐로 돌아옴

결국 갑신정변은 사흘 만에 막을 내렸고, 김옥균은 동지들과 함께 일본행 배에 몸을 실었습니다. 그리고 고종의 곁에 남아 있던 홍영식은 끝내 죽음을 맞았습니다.

한국사 흐름 잡기

갑신정변

김옥균을 비롯한 급진 개화파는 1884년(고종 21년) 우정총국 낙성식이 있던 날, 일본의 도움을 받아 갑신정변을 일으켰어요. 하지만 사흘째 되던 날, 청나라 군대가 개입하면서 개혁은 실패하고 말았지요.

갑신정변이 일어난 이유

임오군란 이후, 청나라의 간섭을 받게 된 조선은 나라의 자주권을 위협받았어요. 이에 불만을 품은 김옥균은 개화 자금을 빌리기 위해 일본으로 향했지요. 하지만 청나라의 계략으로 빈손으로 돌아오게 되었고, 급진 개화파의 입지는 축소되고 말았어요.

명성 황후 세력의 소극적인 개화 정책과 청나라의 간섭 때문에 좀처럼 뜻을 이루기 어려워진 급진 개화파는 자신들의 주장을 펼치고자 청나라를 견제하려는 일본의 도움을 받아 갑신정변을 일으켰습니다.

우정총국의 현판

갑신정변 결과

급진 개화파는 갑신정변을 통해 청나라와 명성 황후 세력을 몰아내고 혁신적인 정부를 세우고자 했어요. 우정총국 개국을 축하하는 잔치를 틈타 정변을 일으킨 뒤, 조세 제도를 개정하고 인민 평등권 확립, 능력에 따른 인재 등용 등 파격적인 개혁안을 발표했지요. 정변은 성공을 거두는 듯했어요.

하지만 명성 황후와 결탁한 청나라가 반격해 오자 일본은 약속을 저버렸지요. 당시 조선에는 1,500여 명의 청나라군과 150여 명의 일본군이 있었는데, 군사의 수가 많은 청나라가 개입하자 수적으로 열세인 일본이 철수하였던 것이에요. 갑신정변은 이렇게 사흘 만에 막을 내리고 말았습니다. 갑신정변은 비록 실패했지만, 자주적 근대 국가를 건설하고자 일으킨 최초의 정치 개혁 운동이자 이후 개화 운동의 방향을 정립해 주었다는 점에서 역사적으로 큰 의미를 지니고 있답니다.

갑신정변 실패 원인

당시 조선의 상인이나 농민들은 개화파에게 좋지 않은 감정을 품고 있었어요. 개항 후 조선 상인들은 일본 상인에 밀려 제대로 장사를 할 수 없었고, 일본 상인에 의해 곡식이 일본으로 대량으로 나가자 국내 곡식 값이 상승했기 때문이에요.

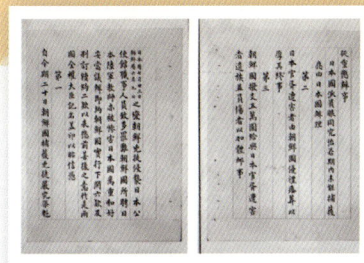

임오군란의 사후 처리를 위해 조선과 일본 사이에 체결된 제물포 조약의 원문

게다가 일반 백성들은 왜 이런 정변이 일어났는지 알지 못했어요. 아무것도 모르는 백성들은 나라가 어수선해지고 나라의 상황이 불리하게 돌아가자, 일본의 도움을 받아 정변을 일으킨 개화파를 나쁘다고 생각한 것이지요. 이렇듯 급진 개화파는 백성의 지지 없이는 개혁도 이루어질 수 없다는 사실을 간과하고 말았습니다.

또한 청나라를 벗어나기 위한 노력은 많이 했지만, 정작 일본의 속셈은 알아차리지 못했어요. 개화된 일본을 모범으로 삼아 낡은 것을 뿌리 뽑고 새로운 조선으로 나아가려고만 했지, 조선을 손에 넣으려는 일본의 속내는 파악하지 못했던 것이에요.

일본만을 믿고 의지하던 급진 개화파는 갑신정변 과정에서 돌변한 일본의 태도에 몹시 당황했고, 대책을 세우지 못한 채 결국 무너지고 말았습니다.

갑신정변 이후 청나라의 간섭은 더욱 심해졌고, 조선의 개혁은 중단된 채 청나라와 일본의 세력 다툼이 심해지면서 백성들의 삶은 더욱 어려워졌습니다.

여기서 잠깐 갑신정변 개혁 정책

갑신정변을 일으킨 급진 개화파는 14개 항목이 담긴 개혁 정책을 발표하며 조선을 변화시키고자 했습니다. 이 중 주요 정책과 그 의미에 대해 알아보아요.

1항. 흥선 대원군을 즉각 환국하게 하고 청나라에 바치던 조공을 폐지한다.
　　　청나라에 의존하지 않고 자주적인 나라를 만든다.
2항. 신분 제도를 없애고, 능력에 따라 관리를 임명한다.
　　　모두를 평등하게 대우하고, 능력 있는 사람이 인정받게 한다.
5항. 탐관오리를 처벌한다.　**6항.** 백성이 빚진 쌀은 모두 면제한다.
10항. 죄인을 다시 조사하여 죄 없는 자는 석방한다.
　　　탐관오리를 처벌하고 백성을 위한 정치를 한다.

육상궁 외관. 고종과 명성 황후가 갑신정변 당시 머물던 경우궁은 현재 육상궁(종로구 궁정동) 안으로 옮겨졌음.

한국사 흐름 잡기

갑신정변 이후 급진 개화파의 행보

갑신정변 직후

갑신정변이 실패한 뒤, 급진 개화파가 할 수 있는 선택은 두 가지뿐이었어요. 끝까지 고종 곁에 남아 있다가 명성 황후 세력에 잡혀 죽느냐, 훗날을 도모하고자 일본으로 몸을 피하느냐의 선택이었습니다. 김옥균과 박영효, 서광범은 고민 끝에 일본으로 망명하기로 했어요. 홍영식만은 남아 고종을 지키기로 했습니다.

일본으로 떠나다

급진 개화파는 우선 일본의 공사관으로 몸을 피했어요. 공사관은 다른 나라에서 파견된 외교 사절이 일을 수행하는 곳을 말해요. 하지만 일본 공사관도 안전한 곳은 아니었습니다. 급진 개화파를 역적이라 여긴 사람들이 공사관으로 몰려와 그들을 죽이려 했어요. 사람들의 눈을 피해 공사관을 빠져나온 급진 개화파는 바다 건너 일본으로 떠나기로 했습니다.

일본 망명 시절의 김옥균
ⓒ 한국사진사연구소

이들이 배를 타기 위해 제물포에 다다랐을 때 다시 한번 위험이 닥쳤어요. 온건 개화파가 쫓아와 죽이려고 했거든요. 다행히 일본 배의 선장이 배 밑바닥에 있는 비밀 장소에 숨겨 주어 무사히 일본으로 떠날 수 있었습니다.

> **여기서 잠깐** **암살자들**
>
> 조선에서는 갑신정변 주동자인 김옥균을 대역 죄인으로 여겨, 죽이려 했습니다. 조정에서는 온건 개화파인 지운영을 일본으로 보내 김옥균 암살 계획을 세웠어요. 하지만 지운영의 암살 시도는 미리 발각되어 실패로 돌아갔습니다. 그 후로도 여러 차례 김옥균을 죽이려는 암살자들이 일본에 왔어요.
> 그러던 중, 김옥균이 청나라로 간다는 소식을 듣게 된 조선에서는 홍종우를 그의 곁으로 보냈습니다. 프랑스 유학생 출신인 홍종우를 통해 외교적인 도움을 받을 수 있을 것이라 여긴 김옥균은 그와 함께 청나라에 가기로 했어요. 하지만, 청나라에 도착한 직후 김옥균은 상하이의 여관방에서 홍종우에게 죽임을 당하고 말았습니다.
>
>
> 김옥균을 저격한 홍종우

며칠 후, 급진 개화파는 일본의 항구 도시인 나가사키에 도착했어요. 이후, 이들은 자신들의 신변이 노출될 것을 우려해 상투를 자르고, 양장(서양식으로 꾸밈)을 하며 숨어 살았답니다.

이홍장. 김옥균은 청나라 제일의 권력자 이홍장을 만나러 가던 중 죽음을 맞았음. ⓒ Russell & Sons

기회를 엿보다

얼마 뒤, 일본에 몸을 숨긴 급진 개화파가 다시 활동을 시작하자 이 소식을 들은 온건 개화파는 그들을 살려 두어서는 안 되겠다고 생각했어요. 그러던 1886년(고종 23년), 급진 개화파를 죽이기 위해 지운영이라는 사람이 일본에 왔어요. 이에 위기를 느낀 박영효와 서광범은 미국으로 떠났고, 김옥균만이 일본에 남았습니다.

자객의 총에 맞다

일본에 홀로 남은 김옥균의 생활은 고난의 연속이었어요. 조선에서는 그를 암살하고자 끊임없이 자객을 보냈고, 일본에서는 보호해 준다는 명목 아래 김옥균을 외딴 섬에 유배시켜 버렸지요. 한동안 방황의 시기를 겪던 김옥균은 마지막으로 청나라로 가 다시 한번 조선의 개화를 위해 일하기로 했습니다. 하지만 그 뜻을 펼치

청나라 상하이의 한 여관에서 사망한 김옥균

기도 전, 김옥균은 조선에서 보낸 자객 홍종우의 총에 맞아 세상을 떠나고 말았어요.

교과서 핵심 키워드 🔍

갑신정변
- 명성 황후 세력과 청나라 세력을 몰아내고 조선을 개화하고자 급진 개화파가 갑신정변을 일으켰습니다.
- 청에 대한 조공 폐지, 신분 제도 혁파 등과 같은 개혁 정책을 발표하였습니다.
- 청군의 반격과 일본의 철수로 사흘 만에 개혁이 실패하였습니다.

갑신정변이 실패한 원인
- 개화사상이 일반 백성들 사이에 퍼지지 못하여 지지를 얻지 못하였습니다.
- 개혁이 일본의 힘을 빌려 추진되면서 백성들의 반발을 샀습니다.

7 역사 속으로 지다

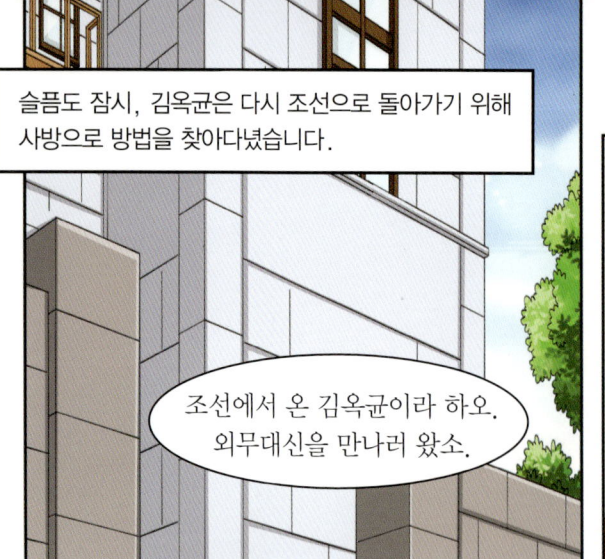

역사 속으로 지다

한국사 흐름 잡기

개항 이후의 변화

여러 나라와 통상 조약을 맺은 뒤, 조선에 들어온 서양 근대 시설은 사람들의 일상을 바꾸어 놓았어요. 그러나 열강의 주도로 이루어졌기에 이러한 근대 시설은 열강의 이권 침탈을 위한 침략 도구로 이용되기도 하였습니다.

병원

미국 공사관 소속이었던 알렌이라는 의사가 갑신정변 당시 명성 황후의 측근인 민영익을 치료하면서 고종과 명성 황후의 신임을 얻었어요. 이를 계기로 1885년(고종 22년), 우리나라 최초의 근대식 병원인 광혜원이 세워졌지요. 병원 이름은 얼마 후 광혜원에서 제중원으로 바뀌었어요.

복원된 광혜원의 모습 ⓒ Thinkinglex

전기

전기는 1887년(고종 24년)에 처음으로 설치되었습니다. 가장 먼저 전깃불이 들어온 곳은 경복궁이었어요. 이 당시에는 물을 끓여 그 수증기의 힘으로 전기를 일으켰기에 귀가 찢어질 듯한 소음이 나와 사람들의 불평이 많았어요. 하지만 어두운 밤에도 활동할 수 있게 되자 사람들이 전기의 편리함을 알게 되었답니다.

> **여기서 잠깐** **대한 제국 수립**
>
> 1897년(광무 1년), 열강의 조선 내정 간섭이 심해지자 조선의 왕 고종은 정치 개혁을 위해 국호를 '대한 제국'으로 바꾸고 황제 자리에 올랐습니다. 연호 또한 '광무'로 바꾸었지요.
> 고종은 옛것을 근본으로 삼고, 새로운 제도를 헤아린다는 '구본신참'의 원칙으로 광무개혁을 실시했어요. 이를 통해 국방력 강화, 산업·교육·시설 등의 근대화에 성과를 거두었지요. 하지만 지배층의 보수적인 성향과 열강의 간섭으로 지속적인 성과를 거두지 못했고, 러일 전쟁 발발로 중단되었습니다.
>
>
> 서양식 제복 차림의 고종 황제

교통수단

전차는 1899년(광무 3년)에 처음 개통되었는데, 서대문-종로-홍릉을 오갔지요. 4개월 뒤에는 인천과 노량진을 잇는 최초의 철도인 경인선이 개통되었어요. 이후 일본이 군사적 목적으로 경부선과 경의선을 설치했습니다. 1903년(광무 7년)에는 고종 황제의 전용차를 들여왔는데, 이것이 조선 최초의 자동차예요. 고종과 순종이 타고 다녔기에, 당시 백성들은 차가 지나가면 길에 엎드려 절을 했다고 합니다.

경인선 개통식 모습

전화

전화는 1896년(고종 33년) 덕수궁에 처음 설치되었어요. 그러다 1900년대 들어, 서울과 인천 사이에 전화가 개통되면서 백성들도 전화를 사용할 수 있었지요. 하지만 요금이 비싸서 많이 사용하지 않았어요.

대한 제국 시기의 벽걸이 전화기 ⓒ 연합포토

교과서 핵심 키워드

개항 이후의 변화
- 서양의 근대 문물과 과학 기술 수용으로 통신, 교통, 전기, 의료 등의 근대 시설을 마련했습니다.
- 생활은 편리해졌지만, 열강의 이권 침탈과 침략 도구로 이용되었습니다.

체험 학습: 갑신정변의 시발점이 된 우정총국

우정총국은 1884년(고종 21년)에 급진 개화파였던 홍영식의 제안으로 만들어졌어요. 우정총국에서는 나라 안은 물론 인천·부산·원산 등의 항구를 통해 나라 밖으로 우편을 배달하는 우리나라 최초의 근대 우편 제도를 도입했습니다.

우정총국이 만들어지기 전까지만 해도 조선의 연락 수단은 봉수대나 역참 제도(사람이 직접 말을 타고 가 전달하는 제도) 정도였어요. 이런 제도가 비효율적이라고 여긴 홍영식은 일본과 미국으로 건너가 전신국과 우체국을 방문해 시설과 제도 등을 자세히 시찰하고, 우편 제도를 조사하여 연구한 뒤 조선으로 돌아와 그 결과를 고종에게 보고했습니다.

홍영식의 보고를 받은 고종은 우정총국을 세우라 명하였고, 홍영식을 우정총국 최고 책임자로 임명했어요. 그리고 일본·영국·홍콩 등 외국과 우편물 교환 협정을 체결했지요.

1884년(고종 21년) 3월에 설치된 우정총국의 우체 업무는 10월부터 시작되었고, 낙성식(건축물의 공사를 다 마치고 기념하는 의식)은 12월 4일(음력 10월 17일)에 열렸습니다.

우리나라 최초의 우체국인 서울 우정총국 ⓒ 천남성

불이나 연기로 연락을 주고받던 봉수대

여기서 잠깐 - 갑신정변으로 잠시 중단된 우편 업무

우정총국은 우정총국 낙성식이 열리던 1884년(고종 21년) 12월 4일, 갑신정변이 일어나는 바람에 12월 8일에 우정총국이 폐쇄됐어요. 우편 업무 역시 중단되고 말았지요. 그러던 중 1895년(고종 32년) 서울과 인천에 우체사가 설치되면서 우편 업무가 다시 시작되었습니다. 그 뒤 대한 제국이 1900년(광무 4년)에 만국 우편 연합에 가입하여 국제적으로도 여러 나라와 우편물을 교환할 수 있게 되었습니다.

스위스에 있는 만국 우편 연합
ⓒ Svenkaj

우정총국 낙성식이 있던 날, 축하연이 한창이던 늦은 저녁에 정변이 일어났습니다. 근대 국가 건설을 목표로 한 급진 개화파의 갑신정변이 시작된 것이었지요. 아래 지도를 보며 숨 막히게 전개된 갑신정변 사흘간의 행로를 살펴보세요.

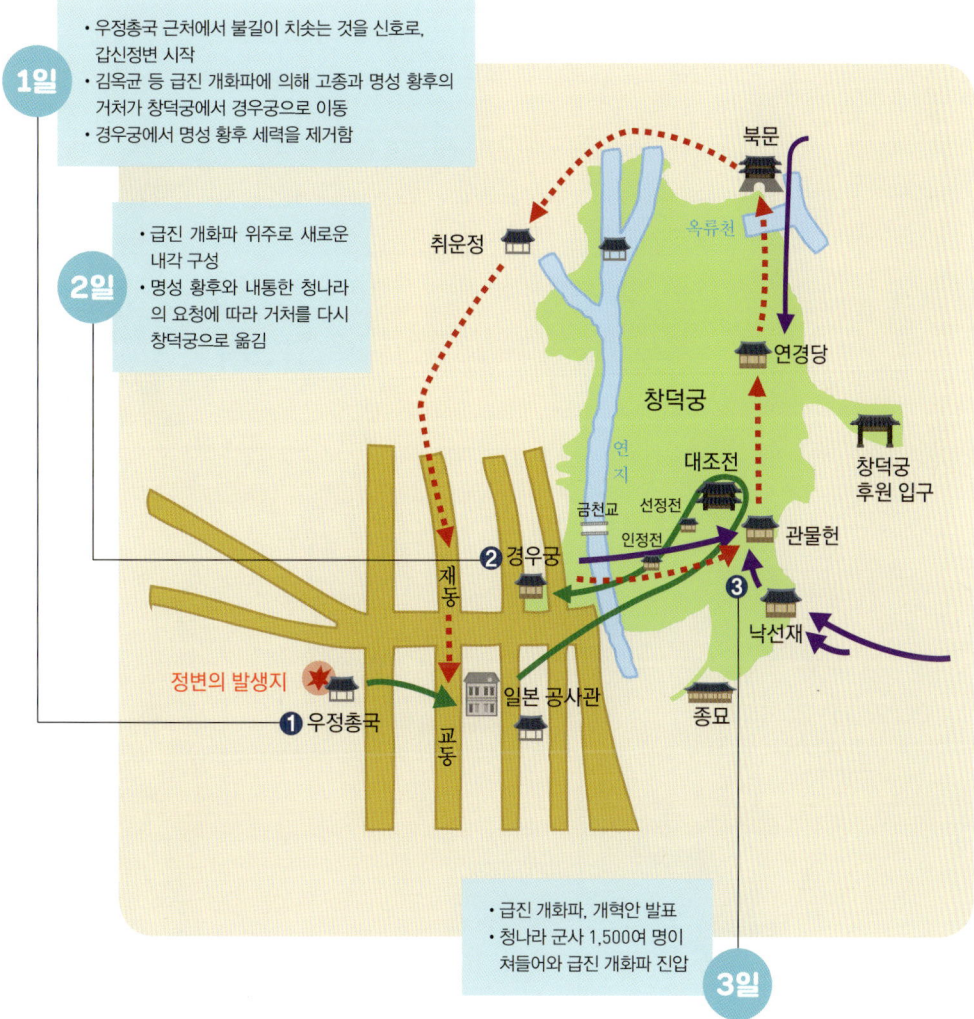

한국사 연표

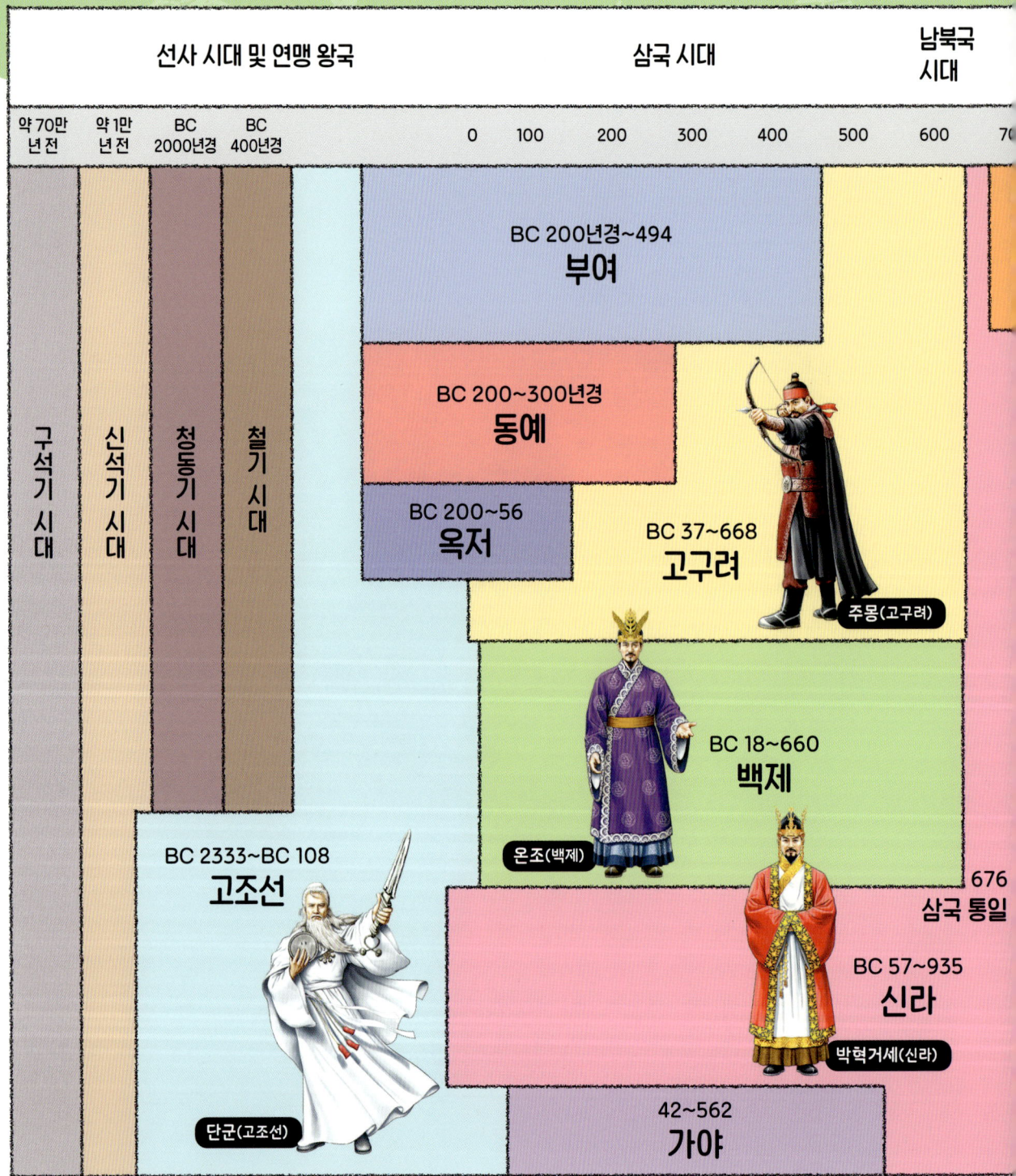

*BC : 기원전

| 후삼국 시대 | 고려 시대 | 조선 시대 | 대한 제국 | 일제 강점기 | 대한 민국 |

900 1000 1100 1200 1300 1400 1500 1600 1700 1800 1900 2000

발해
698~926

대조영(발해)

901~918 후고구려

궁예(후고구려)

견훤(후백제)

900~936 후백제

**918~1392
고려**

왕건(고려)

**1392~1910
조선**

이성계(조선)

1897~1910 대한 제국

1910~1945 일제 강점기

1945~현재 대한민국

183

하루 한 장 **한국사**와 **국어** 실력 쌓기
만화로 만난 인물을 **독해**로 만나다!

who?
한국사 독해 워크북

한국사를 깊이 이해하고 문해력을 키워 주는
한국사 독해 워크북 특징!

① 하루 15분 꾸준한 독해 활동을 도와줍니다.

매일 1장씩 7일 동안 학습하면 성취감이 올라가고
자기 주도 학습 능력을 키울 수 있습니다.

② 한국사 인물을 글과 문제로 깊이 이해합니다.

만화로 알게 된 인물에 더욱 공감할 수 있고
역사적인 사실을 더 자세히 알 수 있습니다.

③ 다양한 글의 형식을 경험할 수 있습니다.

일기, 편지, 강연록, 뉴스, 신문 사설, 광고문 등을 통해
문해력은 물론 국어의 모든 영역이 발달합니다.

김옥균

오늘의 읽기

김옥균의 일기

○○월 ○○일

나의 큰 꿈, 조선의 *개화

　나는 여섯 살 때 *당숙의 양아들이 되어 한양에 왔다. 그 뒤 청년이 되어서는 서양 문물을 잘 아는 박규수 스승님께 서양의 새로운 지식을 배울 수 있었다. 이때부터 나는 닫힌 나라의 문을 열고 서양의 문물을 받아들이는 개화를 해야만 조선이 강한 나라가 될 수 있다고 생각했다.

　스물두 살에 친 과거 시험에서 장원 급제하여 관리가 되었고, 나는 삼십 대에 접어들어 *수신사로 일본에 갔다. 개화된 일본의 모습에 놀라지 않을 수 없었다. 이때 나는 조선도 개화를 하면 외세에 휘둘리지 않는 자주적이고 근대적인 나라로 성장할 것이라고 확신하게 되었다. 나는 고종 전하를 설득하여 조선의 청년들을 일본에 보내 군사와 학술을 배워 오게 했다. 그러나 사사건건 반대하는 사람들로 인해 개화가 쉽지 않았다. 그래서 나는 박영효, 서광범, 홍영식과 함께 갑신년에 정변을 일으켰지만 사흘 만에 실패하고 말았다.

　결국 나는 일본으로 몸을 피할 수밖에 없었다. 하지만 조선이 개화해서 발전하는 큰 꿈을 포기할 수 없다.

　나는 지금 청나라에 와 있다. 이홍장을 만나 조선, 일본, 청 세 나라가 동맹하여 서양 세력에 맞서자고 제안할 것이다. 어쩌면 나는 개화된 조선을 보지 못할지도 모른다. 그래도 내가 뿌린 개화의 씨앗이 조선에서 자라나길 바란다.

 **오늘의 문제** : **1일**  읽은 날짜 ◯ 월 ◯ 일

1. 다음 글을 읽고 빈칸에 알맞은 말을 쓰세요.

> 김옥균은 사사건건 반대하는 사람들로 인해 개화가 쉽지 않자 _____ 에 _____ 을 일으켰지만 사흘 만에 실패했다.

2. 다음 글을 읽고 알맞은 말에 ◯표시하세요.

> 김옥균은 서양의 문물을 빨리 (**받아들여야** / **거절해야**) 한다고 생각해서, 고종을 (**설득해** / **협박해**) 조선의 청년들을 일본에 보냈다.

3. 김옥균에 대한 설명으로 옳지 <u>않은</u> 것을 고르세요.

① 박영효, 서광범, 홍영식과 갑신정변을 일으켰다.
② 수신사로서 일본에 간 적이 있다.
③ 많은 사람들이 그의 주장에 찬성해 개화가 쉬웠다.
④ 갑신정변 실패 후 일본으로 달아났다.

4. 김옥균은 일기를 쓴 당시에 조선 개화의 꿈을 위해 어느 나라에 있었을까요?

① 독일   ② 미국   ③ 청나라   ④ 프랑스

 **낱말 풀이**

개화 사람의 지혜가 열려 새로운 사상, 문물, 제도 따위를 가지게 됨
당숙 아버지의 사촌 형제
수신사 조선 말기에, 일본에 보내던 외교 사절

오늘의 읽기

뉴스

who? 뉴스룸
근대화에 성공한 일본

오늘 뉴스룸은 해외 소식으로 준비했습니다. 일본이 *개항한 이후 20년 사이 급속도로 발전했다고 합니다. 현지에 나가 있는 김옥균 특파원을 연결하겠습니다.

안녕하십니까! 일본은 원래 에도 막부가 장악하고 있던 나라입니다. 왕은 상징적인 존재였고, 무사 집단인 막부의 우두머리가 실질적으로 나라를 다스리고 있었지요. 에도 막부는 미국과 *조약을 맺고 항구를 열어 서양의 문물을 적극적으로 받아들였습니다. 그러나 서양 물건이 들어오고 일본의 많은 원료가 다른 나라로 팔려 나가기 시작하면서, 일본의 상인과 농민의 생활이 어려워졌습니다.

에도 막부에 불만을 품은 일본 사람들은 점차 당시 일본의 왕, 메이지 주변으로 모여들었습니다. 권력을 잡은 메이지 국왕은 1868년 '메이지 유신'을 단행했습니다. '유신'은 새롭게 바꾼다는 뜻입니다. 메이지 국왕은 근대화를 이루기 위해 움직였습니다. 신분제를 폐지하고 조세 제도를 바꾸고, 서양의 기술을 받아들여서 상공업을 길러 냈습니다. 또한 세상을 바꾸는 근본이 교육이라고 생각해, 서양식 교육 제도를 시행했습니다. 그리고 일본의 계몽 사상가 후쿠자와 유키치는 일본이 발전하기 위해서는 서양 학문을 배워야 한다고 주장하며 서양식 학교를 세웠습니다. 그 결과 일본은 정치적, 경제적 발전을 이루며 근대화에 성공했습니다.

우리도 일본의 근대화를 눈여겨봐야 할 것입니다. 이상 일본 도쿄에서 특파원 김옥균이었습니다.

오늘의 문제 — 2일

1. 메이지 유신에 대한 설명으로 옳지 <u>않은</u> 것을 고르세요.
① 상징적 존재인 왕을 없앴다.
② 신분 제도를 폐지했다.
③ 조세 제도를 바꾸었다.
④ 상공업을 길러 냈다.

2. 사건이 일어난 순서대로 번호를 쓰세요.

> ① 일본 사람들이 에도 막부에 불만을 가지게 되었다.
> ② 에도 막부가 미국과 조약을 맺고 항구를 열었다.
> ③ '메이지 유신'으로 일본이 근대화에 성공했다.

(→ →)

3. 다음 글을 읽고 맞으면 ○, 틀리면 × 표시하세요.
- 막부는 일본의 무사 집단을 말한다. (　　)
- 일본이 항구를 열자 원료가 외국으로 팔려 나갔다. (　　)
- 메이지 유신은 에도 막부가 일으켰다. (　　)

4. 일본의 메이지 국왕이 세상을 바꾸는 힘이라고 생각한 것은 무엇일까요?
① 전쟁　　② 교육　　③ 농업　　④ 막부

> **낱말 풀이**
> **개항** 외국과 무역을 할 수 있게 항구를 개방하여 외국 배의 출입을 허락함
> **조약** 참여한 나라들끼리 합의에 따라 정한 공식적인 약속

  도슨트

서양 문물은 조선에 어떻게 소개되었을까요?

 오늘은 조선에 소개된 서양 문물에 대해 알아볼까요?

 《연행일록》이라는 책이 있습니다. 이 책은 청나라에 다녀온 연행사의 일기입니다. 당시 조선은 청나라에 '연행사'라는 *외교 사절단을 파견했습니다.

연행사 일행이 청나라에 다녀올 때 쓴 일기, 《연행일록》
ⓒ 경기도 박물관

연행사는 청나라에 머무는 두 달 동안 그곳에서 보고 들은 것을 기록으로 남겼습니다. 또한 이들은 청나라에 머물고 있던 서양의 선교사와 학자, 상인 등을 만나 서양의 문물을 경험하고 기록했습니다.

 〈곤여만국전도〉는 1602년에 청나라에 머물던 이탈리아 선교사 마테오 리치가 만든 세계 지도입니다. 이 지도는 조선에 소개되어 서양에 대한 새로운 정보를 주었습니다. 숙종 때인 1708년에는 마테오 리치의 것을 조선에서 그대로 다시 그려서 사용하였습니다. 또한 서양 선교사들은 멀리 있는 물체를 크고 정확하게 볼 수 있는 망원경인 천리경, 시간마다 종이 울리는 시계인 자명종을 소개하기도 했습니다.

 조선은 서양의 새로운 문물을 보고 중국보다 더 넓은 세계가 있다는 사실을 알게 되었어요. 중국이 세계의 중심이라는 오래된 생각을 바꾸게 된 것이에요. 이후 발달된 서양의 기술과 제도를 받아들여야 한다는 생각에 찬성하는 사람들이 늘어나게 되었습니다. 눈으로 보고 체험하고 나면 사람의 마음도 움직이는 것이겠지요?

오늘의 문제 — 3일

1. 다음 글이 설명하는 것이 무엇인지 쓰세요.

- 멀리 있는 물체를 크고 정확하게 볼 수 있는 망원경이다. _____
- 시간마다 종이 울리는 시계이다. _____

2. 이탈리아 선교사 마테오 리치가 제작한 세계 지도는 무엇일까요?
① 〈대동여지도〉　② 〈곤여만국전도〉　③ 〈수선 전도〉　④ 〈서양 전도〉

3. 《연행일록》에 대한 설명 중 옳지 <u>않은</u> 것을 고르세요.
① 청나라에 다녀온 외교 사절단의 일기이다.
② 연행사는 《연행일록》에 청나라에서의 경험을 기록했다.
③ 연행사는 청나라에서 서양 문물을 경험했다.
④ 연행사는 청나라에서 2년 동안 머물렀다.

4. [보기]의 밑줄 친 부분을 바르게 고치세요.

> **보기** 조선은 서양의 <u>익숙한</u> 문물을 보고 중국이 세계의 중심이라는 <u>최신식</u> 생각을 바꾸게 되었다.

익숙한 ➡ _____　　최신식 ➡ _____

낱말 풀이
외교 사절단 나라의 대표자로서 외국에 파견되는 사람들

 **오늘의 읽기** 안내문

강화도 조약의 불평등함에 대하여

일본은 보거라. 너희가 우리 조선보다 빠르게 근대화한 것은 사실이나, 그것이 어찌 조선을 업신여길 이유가 되겠느냐? 1875년 너희는 신식 군함 운요호를 강화도로 끌고 와 일부러 싸움을 걸고는, 뻔뻔하게 *통상 조약을 맺으라 강요했다. 강화도에서 맺은 이 조약이 얼마나 불평등한지 들어 보거라!

1. 조선은 자주국이며 일본과 평등한 관계를 맺는다.
→ 조선과 청나라의 관계를 끊게 한 뒤 침략하려는 의도가 담겨 있다.

2. 조선은 부산 이외에 제물포(인천), 원산을 개항하고 일본인이 통상하도록 허락한다.
→ 너희 일본인이 조선에서 마음대로 장사하려는 속셈이다.

3. 백성들은 마음대로 무역하고, 양국 관리는 간섭하거나 금지할 수 없다.
→ 조선 백성이 일본인 때문에 손해 봐도 보상받을 수 없게 하려는 것이다.

4. 일본인이 조선에서 조선 백성에게 죄를 짓더라도 일본 관리가 심판한다.
→ 조선 땅에서 잘못을 저지른 일본인을 벌할 권리를 빼앗아 일본인들이 제멋대로 행동할 수 있게 하려는 것이다.

이것이 어찌 평등한 조약이란 말이냐! 이 모든 것이 일본만 유리하고 조선은 불리한 내용이다. 조선을 넘보는 너희의 시커먼 속이 다 들여다보이는구나. 너희는 이런 짓을 저지르려고 근대화했느냐? 대답해 보거라!

― 강화도 조약에 반대하는 조선 백성의 모임 ―

 **오늘의 문제** : 4일

 읽은 날짜 ◯ 월 ◯ 일

1. 이 안내문을 읽고 짐작할 수 있는 사실을 고르세요.

① 조선은 일본의 강요로 억지로 강화도 조약을 맺었다.
② 조선과 일본은 무역을 하며 사이좋게 지낼 것이다.
③ 조선은 그동안 청나라와 사이가 좋지 않았다.
④ 일본은 조선에서 자유롭게 무역을 하려고 할 뿐이다.

2. 빈칸에 알맞은 말을 [보기]에서 찾아 쓰세요.

보기	그런데 그렇다고 하물며 그리고

- 일본은 빠르게 근대화했다. _____ 조선을 넘보면 안 된다.
- 일본은 운요호 사건을 일으켰다. _____ 통상 조약을 맺으라고 강요했다.

3. 강화도 조약의 내용이 <u>아닌</u> 것을 고르세요.

① 조선은 자주국이며 일본과 평등한 관계를 맺는다.
② 조선은 항구를 개방하고 일본인의 통상을 허가한다.
③ 조선과 일본의 관리들은 양국 백성들의 무역에 간섭할 수 없다.
④ 일본인이 조선 백성에게 죄를 지으면 조선 관리가 심판한다.

4. 글쓴이가 [보기]와 같이 말할 때 어울리는 목소리를 고르세요.

보기	조선을 넘보는 너희의 시커먼 속이 다 들여다보이는구나.

① 행복한 목소리   ② 힘없는 목소리
③ 화난 목소리   ④ 즐거운 목소리

낱말 풀이

통상 나라들 사이에 서로 물품을 사고파는 것

오늘의 읽기

강연록

주제: 급진 개화파와 온건 개화파

어린이 여러분, 반갑습니다. 저는 역사 선생님 최다산이라고 합니다. 오늘은 조선의 개화파에 대해 말씀드리려고 합니다. 개화파는 크게 급진 개화파와 온건 개화파로 나눌 수 있습니다.

두 개화파의 중심에는 김옥균과 김홍집이 있었습니다. 이 둘은 어린 시절부터 절친한 친구였어요. 아홉 살이라는 나이 차이에도 오랫동안 우정을 나누었습니다. 김옥균과 김홍집은 흥선 대원군의 통상 수교 거부 정책을 비판하며 조선을 발전시키겠다고 생각했습니다. 하지만 두 사람은 개화의 속도와 방법에 대해서는 의견이 달랐습니다.

단숨에 개화를 추진하려는 급진 개화파는 김옥균을 중심으로 이루어졌습니다. 이들은 청나라의 *속박에서 벗어나서 일본의 메이지 유신을 본받아 빨리 조선을 개화하자고 했지요. 서양의 기술은 물론 제도와 사상까지 적극적으로 받아들일 것을 주장했어요.

천천히 개화하자는 온건 개화파는 김홍집을 중심으로 이루어진 정치 세력입니다. 급진 개화파와는 달리 청나라의 근대화 운동 '양무운동'을 배워서 조선을 개화하자는 의견입니다. 전통적인 사회 질서와 유교 사상을 지키면서 서양 과학 기술을 받아들여 천천히 조선을 바꾸어 나가자고 주장했어요.

두 개화파의 *행보는 다음 시간에 말씀드리도록 하겠습니다.

 **오늘의 문제** : **5일**  ○월 ○일

 다음 글을 읽고 알맞은 말에 ○표시하세요.

> 급진 개화파는 (일본 / 청나라)의 메이지 유신을 본받아 조선을
> (천천히 / 빨리) 개화하자고 주장했다.

 다음 글을 읽고 맞으면 ○, 틀리면 × 표시하세요.
- 김홍집과 김옥균은 어린 시절부터 친한 사이이다. (   )
- 김홍집과 김옥균은 개화 방법에 대한 의견이 같았다. (   )
- 김홍집은 일본을, 김옥균은 청나라를 본보기로 삼았다. (   )

 설명에 맞는 사람을 찾아 선으로 이으세요.

① 급진 개화파를 이끈 사람 •   • ㉠ 김홍집

② 온건 개화파를 이끈 사람 •   • ㉡ 김옥균

 빈칸에 알맞은 말을 [보기]에서 찾아 쓰세요.

| 보기 | 전통적인   혁신적인   불교   유교 |

> 온건 개화파는 _____ 사회 질서와 _____ 사상을
> 지키면서 서양 과학 기술을 받아들이자고 주장했어요.

낱말 풀이
속박 어떤 행위 등을 자유로이 하지 못하게 강압적으로 얽어매거나 제한함
행보 어떤 목표를 향하여 나아감

오늘의 읽기

편지

홍영식에게

그곳에서는 잘 지내시는가? 갑신정변 직후, 고종 전하의 곁에 남았던 자네가 세상을 떠난 지 벌써 2년이 흘렀네. 그대에게 넋두리를 하려고 편지를 쓰네.

청나라군이 임오년에 군인들의 난을 *진압한 이후로 조선에 대한 청나라의 간섭은 더욱 심해졌네. 그래서 자네와 나, 박영효, 서광범은 일본의 도움을 받아 빠르게 근대화를 이루고 싶었지.

우리 급진 개화파는 우정총국을 다 지은 것을 축하하는 잔칫날에 일본의 도움을 받아 청나라와 중전 세력을 몰아내는 데 성공했네. 이른바 '갑신정변'을 일으킨 거야. 우리는 청나라에 대한 조공을 없애려 했지. 백성을 괴롭히는 탐관오리를 몰아내고 *조세 제도를 바꾸려고 했고, 능력이 있는 사람이 관리가 될 수 있도록 *문벌을 없애자고도 했네.

그날은 성공했지. 하지만 중전이 청나라 군대를 불러들여 갑신정변은 결국 사흘 만에 실패하게 되었네. 실패 이유는 그뿐만이 아니었어. 우리는 조선 백성들이 일본의 도움을 싫어할 거라고 생각하지 못했지. 무엇보다 먼저 우리의 뜻을 알려 조선 백성의 지지를 받았어야 했네. 또한 일본이 조선

을 손에 넣을 생각을 하고 있는 것을 알아차리지 못하다니, 우리가 순진했어.

자네와 함께 밤새우며 강한 조선을 꿈꾸던 옛날이 그립네. 우리가 갈 때까지 하늘에서 잘 있게나.

일본에서 김옥균 씀

 **오늘의 문제** **6일**

1. 다음 글을 읽고 빈칸에 알맞은 말을 쓰세요.

> 급진 _____는 우정총국의 완공 기념식에 일본의 도움을 받아 _____을 일으켰다.

2. 갑신정변을 일으킨 인물이 <u>아닌</u> 사람은 누구일까요?
① 김옥균   ② 박영효   ③ 서광범   ④ 이순신

3. 갑신정변에 대한 설명으로 옳은 것을 고르세요.
① 능력 있는 사람이 관리가 될 수 있도록 했다.
② 갑신정변은 조선을 개혁하는 데 성공했다.
③ 일본은 순수한 마음으로 조선을 도와주려고 했다.
④ 갑신정변은 백성들의 지지를 받았다.

4. 갑신정변이 실패로 끝난 이유가 <u>아닌</u> 것을 고르세요.
① 중전이 청나라군을 불러들였기 때문에
② 일본의 도움을 받은 것을 조선 백성들이 싫어했기 때문에
③ 조선 백성들에게 지지를 받지 못했기 때문에
④ 고종이 갑자기 세상을 떠났기 때문에

낱말 풀이

진압 강한 힘으로 억눌러 진정시킴
조세 제도 나라를 운영하기 위하여 국민에게 세금을 걷는 제도
문벌 대대로 내려오는 그 집안의 사회적 신분이나 지위

  **오늘의 읽기**   체험 학습 보고서

조선 시대에는 어떻게 편지를 보냈을까?

학습자	◯◯초등학교 ◯학년 ◯반 ◯◯◯
학습 주제	조선 후기 통신의 변화에 대해 알아본다
학습 장소	서울특별시 종로구 서울 우정총국
학습 기간	◯◯월 ◯◯일 ~ ◯◯월 ◯◯일
학습 내용 및 자료 사진	우정총국은 조선 말기에 우편 업무를 하던 기관이다. 우정총국이 생기기 전에는 불이나 연기를 피우는 봉수대나 말을 타고 가서 전달하는 역참 제도를 통해 연락을 할 수 있었다. 서울 우정총국 홍영식은 일본과 미국에 가서 전신국과 우체국 시설, 우편 제도를 돌아보고 고종에게 보고했다. 이후 고종은 우정총국을 세우고 홍영식을 책임자에 앉혔다. 이것이 우리나라 근대 우편 제도의 시작이었다. 갑신정변으로 우정총국이 폐쇄되면서 우편 업무가 중단되었다가 1895년 서울과 인천에 우체사가 설치되면서 우편 업무가 다시 시작되었다. 또한 1900년에 '만국 우편 연합'에 가입해서 다른 나라와 우편물을 주고받을 수 있게 되었다.
느낀 점	우정총국 건물을 다 지은 것을 기념하던 날 밤, 이곳에서 갑신정변이 일어났다고 하니 신기했다. 우정총국 근처에서 불길이 치솟는 것을 정변의 시작 신호로 삼았다고 한다.
더 알아보고 싶은 것	남산에 가면 봉수대터가 있다. 봉수대는 굴뚝 모양으로 생겼는데, 산 정상에 만들어 놓고 연기나 불꽃의 개수로 긴급한 정보를 전달했다고 한다. 봉수대의 신호가 얼마나 멀리까지 보였을까? 우리나라의 다른 곳에도 봉수대가 남아 있는지 알아보고 싶다.

오늘의 문제 — 7일

1. 고종의 명으로 세워진, 우리나라의 근대 우편 제도를 시작한 기관은 무엇일까요?

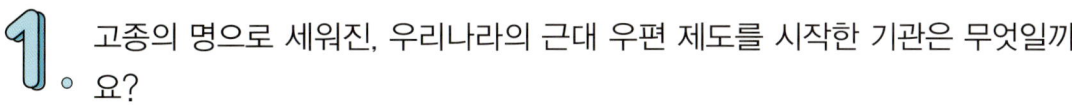

2. 다음 설명 중 옳지 <u>않은</u> 것을 고르세요.

① 서울 우정총국은 서울시 종로구에 있다.
② 홍영식이 우정총국의 첫 번째 책임자였다.
③ 우리나라는 만국 우편 연합에 가입한 적이 없다.
④ 홍영식은 미국과 일본에서 전신국을 돌아봤다.

3. 빈칸에 알맞은 말을 [보기]에서 찾아 쓰세요.

| 보기 | 역참 제도   조세 제도   봉수대   첨성대 |

우정총국이 생기기 전에는 불이나 연기를 피우는 _____나 말을 타고 가서 전달하는 _____을/를 통해 연락할 수 있었다.

4. 우정총국이 폐쇄된 이유는 무엇일까요?

왜냐하면 _____ 때문입니다.

한국사 독해 워크북 정답

1일
① 갑신년, 정변 ② 받아들여야, 설득해 ③ ③ ④ ③

2일
① ① ② ② → ① → ③ ③ ○, ○, × ④ ②

3일
① 천리경, 자명종 ② ② ③ ④ ④ 새로운, 오래된

4일
① ① ② 그렇다고, 그리고 ③ ④ ④ ③

5일
① 일본, 빨리 ② ○, ×, × ③ ①-ㄴ, ②-ㄱ ④ 전통적인, 유교

6일
① 개화파, 갑신정변 ② ④ ③ ① ④ ④

7일
① 우정총국 ② ③ ③ 봉수대, 역참 제도
④ 우정총국에서 갑신정변이 일어났기

한국사 연표여행

한국사 인물과 함께한 역사 여행은 재밌었나요? 이제 연표 여행을 통해 한국사의 대표적인 인물들을 한 자리에서 만나는 시간입니다. 시대별 연표로 한국사의 전체적인 흐름을 익히고, 인물들의 업적을 통해 한국사를 더욱 깊이 이해해 보세요!

한국사 인물과 연표 여행하는 방법

❶ 아래에 있는 인물 그림을 가위로 오린다.

❷ 연표 브로마이드인 '한국사 인물과 떠나는 연표 여행'에서 인물의 위치를 찾는다.

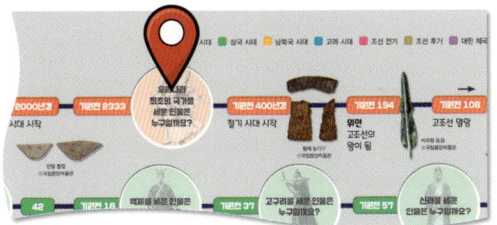

※ 연표 브로마이드는 〈01 단군·주몽〉, 〈11 장보고〉, 〈21 이성계·이방원〉, 〈31 정조〉에 있습니다.

❸ 〈who? 한국사〉를 읽고 인물을 찾은 위치에 모두 붙인다.

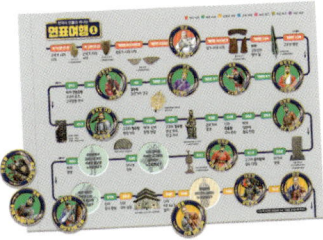

❹ 총 4장의 연표 브로마이드를 연결하면 '한국사 인물과 떠나는 연표 여행' 완성!

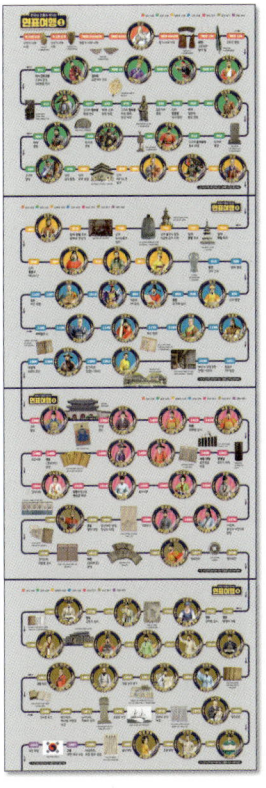

가위로 오려서 **'한국사 인물과 떠나는 연표 여행'**에 붙이세요.

책 읽기를 더 재미있게!
'다산어린이 공식 카페'에서
다양한 독서 콘텐츠를 만나 보세요!

다산어린이 공식 카페에 오면
독후 활동을 도와주는 자료가 가득합니다.
가로세로 낱말 퀴즈, 컬러링 등 놀이형 활동 자료부터
문해력을 길러 주는 한국사 독해 워크북,
생각의 힘을 키우는 1일 1생각 워크북 등
학습 능력을 향상시키는 활동 자료도 준비되어 있습니다.
전 학년이 즐길 수 있는 다양한 독후 활동으로
재미있는 책 읽기를 시작해 보세요!

다산어린이 공식 카페
바로 가기

※ 독서 콘텐츠는 계속 업데이트될 예정입니다.
cafe.naver.com/dasankids

who? 한국사

초등 역사 공부의 첫 단추! '인물'을 알아야 시대가 보인다

● 선사·삼국　● 남북국　● 고려　● 조선

01 단군·주몽	12 최치원	23 세종 대왕	34 박지원
02 혁거세·온조	13 견훤·궁예	24 김종서·세조	35 정약용
03 근초고왕	14 왕건	25 조광조	36 최제우·최시형
04 광개토 대왕	15 서희·강감찬	26 이황·이이	37 김정호·지석영
05 진흥왕	16 묘청·김부식	27 신사임당·허난설헌	38 전봉준
06 의자왕·계백	17 의천·지눌	28 이순신	39 김옥균
07 연개소문	18 최충헌	29 광해군	40 흥선 대원군·명성 황후
08 김유신	19 공민왕	30 김홍도·신윤복	41 허준
09 대조영	20 정몽주	31 정조	
10 원효·의상	21 이성계·이방원	32 김만덕·임상옥	
11 장보고	22 정도전	33 정여립·홍경래	

※ who? 한국사(전 41권) | 대상 초등학교 전 학년 | 책 크기 188×255 | 각 권 페이지 200쪽 내외

who? 인물 중국사

인물로 배우는 최고의 역사 이야기

01 문왕·무왕	09 제갈량·사마의	17 주원장·영락제	25 루쉰
02 강태공·관중	10 왕희지·도연명	18 정화	26 장제스·쑹칭링
03 공자·맹자	11 당 태종·측천무후	19 강희제·건륭제	27 마오쩌둥
04 노자·장자	12 현장 법사	20 임칙서·홍수전	28 저우언라이
05 한비자·진시황	13 이백·두보	21 증국번·호설암	29 덩샤오핑
06 유방·항우	14 왕안석·소동파	22 서 태후·이홍장	30 시진핑
07 한 무제·사마천	15 주희·왕양명	23 캉유웨이·위안스카이	
08 조조·유비	16 칭기즈 칸	24 쑨원	

※ who? 인물 중국사(전 30권) | 대상 초등학교 전 학년 | 책 크기 188×255 | 각 권 페이지 190쪽 내외

who? 아티스트

최고의 명작을 탄생시킨 아티스트들을 만나다

● 문화·예술·언론·스포츠

01 조앤 롤링	11 김연아	21 강수진	31 우사인 볼트
02 빈센트 반 고흐	12 오드리 헵번	22 마크 트웨인	32 조성진
03 월트 디즈니	13 찰리 채플린	23 리오넬 메시	33 마리아 칼라스
04 레오나르도 다빈치	14 펠레	24 이사도라 덩컨	34 오귀스트 로댕
05 오프라 윈프리	15 레프 톨스토이	25 앤디 워홀	35 오리아나 팔라치
06 마이클 잭슨	16 버지니아 울프	26 백남준	36 프레데리크 쇼팽
07 코코 샤넬	17 마이클 조던	27 마일스 데이비스	37 시몬 드 보부아르
08 스티븐 스필버그	18 정명훈	28 안도 다다오	38 존 레넌
09 루트비히 판 베토벤	19 한스 크리스티안 안데르센	29 조지프 퓰리처	39 밥 말리
10 안토니 가우디	20 미야자키 하야오	30 프리다 칼로	40 파블로 피카소

※ who? 아티스트(전 40권) | 대상 초등학교 전 학년 | 책 크기 188×255 | 각 권 페이지 190쪽 내외

who? 인물 사이언스

기술로 세상을 발전시킨 과학자들의 이야기

● 과학·탐험·발명
- 01 알베르트 아인슈타인
- 02 스티븐 호킹
- 03 루이 브라유
- 04 찰스 다윈
- 05 제인 구달
- 06 장 앙리 파브르
- 07 마리 퀴리
- 08 리처드 파인먼
- 09 어니스트 섀클턴
- 10 루이 파스퇴르
- 11 조지 카버
- 12 아멜리아 에어하트
- 13 알렉산더 플레밍
- 14 그레고어 멘델
- 15 칼 세이건
- 16 라이너스 폴링
- 17 빌헬름 뢴트겐
- 18 벤저민 프랭클린
- 19 레이철 카슨
- 20 김택진

● 공학·엔지니어
- 21 래리 페이지
- 22 스티브 잡스
- 23 빌 게이츠
- 24 토머스 에디슨
- 25 니콜라 테슬라
- 26 알프레드 노벨
- 27 손정의
- 28 라이트 형제
- 29 제임스 와트
- 30 장영실
- 31 알렉산더 그레이엄 벨
- 32 카를 벤츠
- 33 마이클 패러데이
- 34 루돌프 디젤
- 35 토머스 텔퍼드
- 36 일론 머스크
- 37 헨리 포드
- 38 헨리 베서머
- 39 앨런 튜링
- 40 윌리엄 쇼클리

※ who? 인물 사이언스(전 40권) | 대상 초등학교 전 학년 | 책 크기 188×255 | 각 권 페이지 180쪽 내외

who? 세계 인물

만화로 만나는 세상을 바꾼 위대한 인물들의 이야기

● 정치 ● 경제 ● 인문 ● 사상
- 01 버락 오바마
- 02 힐러리 클린턴
- 03 에이브러햄 링컨
- 04 마틴 루서 킹
- 05 윈스턴 처칠
- 06 워런 버핏
- 07 넬슨 만델라
- 08 앤드루 카네기
- 09 빌리 브란트
- 10 호찌민
- 11 체 게바라
- 12 무함마드 유누스
- 13 마거릿 대처
- 14 앙겔라 메르켈
- 15 샘 월턴
- 16 김대중
- 17 드와이트 아이젠하워
- 18 김순권
- 19 아웅산수지
- 20 마쓰시타 고노스케
- 21 마하트마 간디
- 22 헬렌 켈러
- 23 마더 테레사
- 24 알베르트 슈바이처
- 25 임마누엘 칸트
- 26 로자 룩셈부르크
- 27 카를 마르크스
- 28 노먼 베쑨
- 29 존 메이너드 케인스
- 30 마리아 몬테소리
- 31 피터 드러커
- 32 왕가리 마타이
- 33 마거릿 미드
- 34 프리드리히 니체
- 35 이종욱
- 36 지크문트 프로이트
- 37 존 스튜어트 밀
- 38 하인리히 슐리만
- 39 헨리 데이비드 소로
- 40 버트런드 러셀

※ who? 세계 인물(전 40권) | 대상 초등학교 전 학년 | 책 크기 188×255 | 각 권 페이지 180쪽 내외

who? 스페셜·K-pop

아이들이 가장 만나고 싶고, 닮고 싶은 현대 인물 이야기

스페셜
- 유재석
- 류현진
- 박지성
- 문재인
- 안철수
- 손석희
- 노무현
- 이승엽
- 손흥민
- 추신수
- 박항서
- 노회찬
- 봉준호
- 도티
- 홀트 부부
- 페이커
- 엔초 페라리 & 페루치오 람보르기니
- 제프 베이조스
- 권정생
- 김연경
- 조수미

K-pop
- 보아
- BTS 방탄소년단
- 트와이스
- 아이유
- 블랙핑크

※ who? 스페셜·K-pop | 대상 초등학교 전 학년 | 책 크기 188×255 | 각 권 페이지 190쪽 내외

만화로 만나는 인물 한국사